일 잘하는 사람 일 못하는 사람

호리바 마사오 지음

호리바 제작소 회장이며 학생 벤처의 개척자이다. 1924년 교토에서 출생했다. 1945년 교토제국대학 물리학부 재학 중 호리바무선연구소를 창업하여 식품공장 등에서 필수품인 pH미터 개발에 성공했다. 사원에게 박사학위를 권장하고 자신도 1961년 의학박사 학위를 취득, 전사원이 일치단결하여 벤처의 모델로 불리는 기업을 만들어냈다. 1971년에 오사카 교토 증권시장에 상장. 1974년에 도쿄 증권시장 상장 달성. 분석기기 톱 메이커로서 꾸준히 기술개발을 하여 항상 업계를 리드했다. 1978년 회장 취임했으며, 1995년에는 대표권을 반납했다. (재)벤처엔터프라이즈센터 연구개발형 기업심사위원장과 (재)三和벤처육성기금 심사위원장 등으로 일하면서 기업가 육성에 힘을 쏟고 있다.

'재미있고 즐겁게'를 사훈으로 내걸 만큼 독특한 경영이념을 갖고 있다. 저서로 『싫으면 관둬라!(イヤならやめろ!)』 『모난 돌이 돼라!(出る杭になれ!)』 『호리바 마사오의 경영자의 마음가짐 수첩(堀場雅夫の·螢心得帖)』 등 다수가 있다.

a good worker
not a good worker

仕事ができる人、できない人

Copyright ⓒ 2000 by Horiba Masao
All rights reserved
Originally published in Japan in 2000 by Mikasashobo

Korean translation copyright ⓒ 2000 by Today's Book publishing Co.
Korean edition is Published by arrangement with Horiba Masao
through Eun Mi Kyung

이 책의 한국어판 저작권은 은미경을 통해 저자와 독점 계약한 오늘의책에 있습니다.
저작권법에 의해 한국 내에서 보호를 받는 저작물이므로 무단 전재 및 무단 복제를 금합니다.

일 잘하는 사람 일 못하는 사람

호리바 마사오 지음 | 은미경 옮김

| 추천의 글 |

회사 인간은 도리어 회사에 필요 없는 존재

엊그제까지도 세계 경제의 우등생으로 칭송받던 일본 기업의 경쟁력이 만성적인 침체기를 지나 급기야 일본발 세계 경제의 위기설이 나올 정도로 추락한 것은 일본 따라잡기로 일관해온 우리에게도 이미 강 건너 불이 아니다.

IMF 경제위기는 외환 유동성 부족에 기인한 일시적인 사고가 아니라 우리 산업 전반의 경쟁력에 빨간 불이 켜진 구조적인 대형사고임에 틀림이 없다. 그런데 지금 우리 사회는 달라져야 한다는 구호만 난무하고 구체적이며 실질적인 변화의 상은 아직 정립하지 못하고 있다.

일본 경제성장 신화의 원동력은 종신고용, 연공서열, 기업 내 노조라는 소위 일본 기업의 3대 신기라고 한다. 이러한 기업풍토가 결과적으로 조직에 대한 충성과 애사심만 강조하는 회사 인간을 키워온 것도 사실이다.

유교라는 같은 문화적 뿌리와 유사한 산업구조를 가진 우리 기업에도 이러한 관행은 구석구석 짙게 배어 있다. 미국식 신경제를 그대로 적용하기도 쉽지 않은 우리에게 일본의 변화와 개혁은 좋은 모델이 될 수 있다.

이 책을 쓴 호리바 마사오 회장은 오래 전부터 일본 비즈니스맨들의 경직된 사고와 행동양식을 비판하고 경계해왔다. 약관 23세에 호리바 제작소를 창업하여 자동차 배기가스측정기로 세계시장을 석권한 탁월한 경영자이기도 하지만, 사원들에게 업무와 병행하여 박사학위 취득을 권유하고 스스로 의학박사 학위를 취득한 이색적인 경영자다.

현역 은퇴 후에는 교토경제동우회의 벤처육성위원장을 맡아, 70대 후반인 고령임에도 교토를 세계의 벤처 기업 메카로 만들자고 동분서주하여 우리 같은 후배들에게 새로운 각오를 다지게 한다.

그분은 과거에 환영받던 회사 인간은 도리어 회사에 필요 없는 존재라고 단언한다. 사원 한 사람 한 사람의 기개가 살아 있는 기업이 성공할 수 있다는 것이다. 상사가 요구하는 것을 충실히 따르기만 하는 사원이 아니고 스스로 고민하고 끊임없이 도전하는 사람만이 성장하고 성공할 수 있고 결과적으로 회사를 발전시킨다고 한다.

이 책에서 호리바 회장은 일 잘하는 사람들을 두루 만나보고, 어느 회사에나 있을 법한 직장인 유형 100여 가지를 특유의 명쾌하고 직설적인 문장으로 재미있게 구분하여 '일 잘하는 사람 일 못하는 사람'에 대한 우리의 고정관념을 뒤집는다.

이제는 새로운 눈으로 자기 자신과 회사를 봐야 할 때다.

이 책은 100여 년간 축적된 기반이 있어 여유로운 개혁을 할 수 있는 일본에 비해 이미 발등에 불이 떨어진 우리 경제를 재건해야 할 수많은 젊은 직장인들에게 더 큰 자극을 줄 것이라 기대한다.

조병호(동양기전 회장)

| 글머리에 |

무엇을 남길 것인가, 무엇을 버릴 것인가
과거의 상식에 빠지지 마라

1년 후 오늘, 당신은 여전히 현재의 회사에서 일하고 있을까?

나는 독자 여러분에게 우선 이것을 묻고 싶다.

정리해고 이야기가 아니다.

1년 후, 당신이 일하는 회사가 살아남을지 어떨지를 묻는 것이다.

은행이 쓰러지는 시대. 일본 기업을 둘러싼 경제 환경의 어려움에 대해서는 이 한마디 설명으로 충분할 것이다. 이제 일본 사회에서는 어떤 기업이라도 이른바 '침몰하지 않는 전함'이란 이름으로 존재할 수 없게 되었다. 미국이 일본에 투하한 '세계표준(Global Standard)'이라는 이름의 경제폭탄에 의해 일본 기업은 한마디 이의도 제기하지 못하고 서로 살아남기 싸움을 강요당하는 꼴이 된 것이다.

지금부터 20년 전에 현재의 컴퓨터 개념을 생각해낸 앨런 커티스 케이(Alan Curtis Kay)가 "미래는 알 수 없다"고 말한 것에 비추어보면 우리 호리바 제작소도 21세기에는 어떻게 되어 있을지 모른다. 망할 요소를 많이 갖고 있기도 하고, 반대로 세계 제일인 수준을 유지하고 있을 법한 부분도 있다.

내가 부정적인 견해를 가졌기 때문도, 회사가 혼란 상태이기 때문도 아니다. 혼돈과 모색, 이것이 21세기의 기업 환경이다. 이것은 규모의 크고 작음을 떠나 어느 기업이든 마찬가지일 것이다.

그러면 21세기에 살아남는 회사와 그렇지 못한 회사, 그것을 나누는 경계선은 도대체 무엇일까?

최고경영자로서 내가 심사숙고해서 내린 결론은 '사원의 기개'다. 낡은 정신론을 들먹이자는 것은 아니다. 21세기는 '개인의 시대'가 되리라고 생각하기 때문이다.

'회사가 있고 사원이 있는 것'이 아니라, '사원이 있고 회사가 있다'는 말처럼 지금까지의 주객이 뒤바뀌는 시대, 그것이 21세기이고, 사원 개개인이 가진 능력은 이 기개에 의해서만 끌어낼 수 있다고 생각하기 때문이다.

현재, IT혁명이 새로운 산업 분야로서 세계 경제를 석권하고 있다. 10년 전, 아니 5년 전만 해도 오늘의 이런 양상은 상상할 수도 없었다. 그렇지만 이것을 기술혁신이라는 일면으로만 살핀다면 사물의 본질을 잘 못 보는 것이 된다. IT혁명은 자본력과 기술력뿐만이 아니라, '미래를 만든다'는 기개가 있었기에 비로소 성공이라는 결과를 낳은 것이다.

이 이야기는 특히 IT분야에 국한된 것만은 아니다. 모든 분야에서 이 기개를 가진 사람만이 21세기가 원하는 인재이며, 기업의 장래는 이 기개를 가진 사원을 얼마나 포용할 수 있는가 하는 짐에 달려 있다고 나는 확신한다.

노력만으로 평가받는 시대는 끝났다!

일 잘하는 사람에게는 성격이든, 능력이든, 사고방식이든 뭔가 공통점이 있지 않을까?

예전에 텔레비전 경영 토크 프로그램에서 진행을 맡은 적이 있는데, 이 제안을 받아들일 때 내 최대의 관심사가 바로 이 공통점이었다.

이 프로그램은 매회 초대 손님을 불러서 경영, 문화, 과학이라는 광범위한 주제를 놓고 대화를 나누는 방식이었다. 초대 손님은 저명한 경영자부터 문화예술인, 젊은 기업가에 이르기까지 아주 다양해서, 어느 쪽이든 각자의 분야에서 제일인자로 활약하는 사람들이었다. 나는 성공의 비결, 다시 말해 일 잘하는 사람들의 공통점을 조금이라도 끌어낼 수 있었으면 하고 막연하게 기대했다.

확실히 경영수법에는 몇 가지인가 공통점이 보였지만, 초대 손님의 성격과 능력은 아주 다양해서 공통점이라고 부를 만한 게 존재하지 않았다.

단지 하나, 그들에게 공통적으로 해당된다고 말할 수 있는 것은 양극단, 다시 말해 '플러스든 마이너스든 자신이 가진 자기다움을 극단까지 살리고 있다' 는 점뿐이었다.

그것은 곧 '나는 나 나름대로' 라는 강렬한 자부심이고, 단점조차 활용하면 강력한 무기가 된다는 역전의 발상이라 말해도 좋을 것이다.

일찍이 마쓰시타 고노스케는 경영의 신이라 불렸다. 제1세대로서 마쓰시타 왕국을 만들어냈기 때문에 칭송받는 것은 당연하다. 그러나 앞으로 올 시대에는 이미 마쓰시타 고노스케와 같은 유형의 인간이 출현하기가 점점 더 어려워진다. 그렇다고 유감스럽게 생각할 필요는 없다. 시대가 변한 것이다. 가치관이 변한 것이다.

다시 말하면 기술, 사회, 제조시스템, 유통 등 모든 것이 고도화하고 복잡화한 현대 사회에서는 옛날처럼 "애쓰고 있잖아"라며 열심히 하는 것만으로는 점점 통용되지 않게 되었다. 노력만으로 평가받던 시대는 이미 끝난 것이다.

시대가 변함에 따라 가치관도 다양화하고 그에 따라 당연히 일 잘하는 사람에 대한 생각도 변하고 있다. 극단적으로 말하면 '어제의 성공' 이 '오늘의 실패' 를 낳을지도 모르는 시대다. 과거의 상식이나 사고방식을 맹신해서는 안 된다. "이건 꼭 이렇게 해야 한다"는 고정관념에 사로잡혀서는 안 된다.

한 사람의 성격, 능력, 사고방식은 어느 것도 하나로 특정지을 수 있는 것이 아니다. 여러 가지 측면이 있게 마련이다. 그렇다면 그때의 상황에 따라 자신이 지닌 가장 좋은 점을 끄집어낼 수 있는 유연성이야말로 점차 일 잘하는 사람의 절대조건이 될 게 틀림없다. 거기에 공통점 따위가 있을 리가 없다. 굳이 말한다면 지금의 일이 너무 좋아서 어쩔 줄 몰라 하는 것 정도가 틀림없는 사실일 뿐이다.

이 책에는 어느 회사에나 있을 법한 비즈니스맨 유형을 100여 가지로 들고, 나만의 시점에서 각각의 능력을 평가했다. 당신도 반드시 어느 유형엔가 꼭 들어맞을 것이다. 매일매일의 일에 대한 내 이야기가 어떤 형태로든 독자 여러분에게 도움이 되었으면 좋겠다.

나는 상대가 임원이든 신입사원이든, 기회만 있으면 사원들에게 가볍게 말을 걸려고 한다. 이 책을 집필하는 데도 그들의 이야기를 많이 참고했다. 마지막으로 이 장을 빌려서 사원들에게 감사의 마음을 전하고 싶다.

호리바 마사오
(堀場雅夫)

CONTENTS

추천의 글(조병호 동양기전 회장)_ 4

글머리에 _ 무엇을 남길 것인가, 무엇을 버릴 것인가_ 7
옮긴이의 말 _ 문화로 읽는 경제철학, 그 파장_ 256

1 이런 **성격**이 있는 사람_ 23

결론을 빨리 내리는 사람_ 25
지금 해야 할 것, 하지 말아야 할 것

한 번 정한 것은 끝까지 하려는 사람_ 27
단점조차 무기로 만드는 나의 방법

자기 결점을 고치려는 사람_ 30
쓸데없는 노력은 하지 마라

한 가지 일에 끈질기게 매달리는 사람_ 32
큰일을 하는 사람은 이 점이 다르다!

가능성이 낮은 일에 도전하는 사람_ 36
상식적으로 생각해야 할 때, 모험해야 할 때

그 자리에서 바로 결정하는 사람_ 38
막판에 망설이는 사람은 이것이 부족하다!

우선 큰소리 떵떵 쳐놓고 보는 사람_ 42
자기가 속아 넘어갈 정도로 큰소리 쳐봐라

깊게 생각하는 사람_ 43
대답은 15분 안에 나온다!

아날로그 발상을 하는 사람, 디지털 발상을 하는 사람_ 44
5대 5면 "노"라고 말하라

대세를 거스르더라도 자신의 뜻을 관철하는 사람_ 47
불안을 극복하는 단 한 가지 방법

적이 적은 사람_ 50
왜 좋은 사람은 성장하지 못할까

구별 없이 남을 대하는 사람_ 52
우물 안 개구리는 우물 안 정보밖에 못 얻는다!

뭐든 자기가 하지 않으면 속 시원하지 않은 사람_ 54
완벽주의자 주희당에 일 잘하는 상사 없다!

누슨 일에든 참견하는 사람_ 56
같은 것을 보고, 같은 이야기를 들었는데 왜 차이가 생길까

작은 성공에 만족하지 않는 사람_ 59
작은 성공을 차곡차곡 쌓는 사람이 큰 성공을 잡는다

작은 실수에도 금방 부르르 떠는 사람_ 61
항상 '왜'인지 생각하는 습관을 붙인다!

돌다리도 두드려보고 건너는 사람_ 63
태풍 불 때 출항하는 법

감정을 얼굴에 드러내지 않는 사람_ 65
미국의 부호가 헝그리 정신을 잃지 않는 이유

새로운 것만 쫓아다니는 사람_ 67
기발한 발상과 참신한 발상은 하늘과 땅 차이

2 이런 **능력**을 가진 사람_ 69

면밀히 계획을 세우는 사람_ 71
뛰어난 모험가일수록 왜 남보다 더 세심할까

남하고 다른 것을 하려는 사람_ 73
"어떻게 하면 실패할까"를 생각해 성공한 남자

어떤 일이라도 빈틈없이 해내는 사람_ 75
백점짜리 일, 평균점짜리 일, 빵점짜리 일

잘하는 것과 못하는 것이 확실한 사람_ 77
일의 '서랍'은 이렇게 키운다

유행에 아주 민감한 사람_ 80
정보를 무기로 쓰는 사람, 잡학으로 끝내는 사람

시류를 읽는 데 빠른 사람_ 81
팔리는 타이밍, 팔리지 않는 타이밍

아이디어가 펑펑 샘솟는 사람_ 84
문득 떠오른 착상이 히트상품으로 바뀌기까지

'좋은 생각'이 번뜩이는 사람, 번뜩이지 않는 사람_ 86
아이디어를 낳는 최후의 한 방울이란?

실패를 금방 잊어버리는 사람_ 87
'24시간 원 사이클(One Cycle)' 기분 전환법

상대편 회사의 내부 사정에 밝은 사람_ 89
최후에는 이 '플러스알파'가 말한다

시간 쓰기에 능숙한 사람, 능숙하지 못한 사람_ 91
하루 일과를 단락단락 나누어 처리하라

언제나 상사의 평가에 신경 쓰는 사람_ 93
50으로 끝날 일에 100의 힘을 쓰지 마라

자기 적성을 정한 사람_ 94
자기 실패, 자기 성과를 어떻게 표현할 것인가

쉽게 뜨거워지고 쉽게 식는 사람_ 97
'맥주 마시는 감각'으로 일해보라

여자사원들에게 인기 있는 사람_ 98
인기 없는 남자는 얼굴이 아니라 머리가 나쁘다

3 이런 **노력**을 하는 사람_ 101

손윗사람과 사귀는 사람_ 103
일류가 실천하는 '사람 사귀기 철칙'

누구보다 빨리 출근하는 사람_ 104
하루 단위가 아니라 시간 단위로 일하라

특별히 눈에 띄는 실수가 없는 사람_ 106
항상 양극단의 가치관을 가져라

책을 자주 읽는 사람_ 108
책방에 가면 빈손으로 돌아오지 마라

건실하게 꾸준히 노력하는 사람_ 111
필사의 노력은 절대로 무용지물이 되지 않는다

음지에서 노력하는 사람_ 112
가끔은 미덕을 버리는 용기가 필요하다

상사의 마음을 읽으려는 사람_ 114
치면 울리는 것은 당연지사, 치기 전에 소리 내는 사람이 돼라

시간에 신경 쓰며 일하는 사람_ 115
일의 속도를 2.5배 빠르게 하는 방법

쉬는 시간에도 공부하는 사람_ 117
재미와 즐거움을 기준으로 판단하라

인맥 만들기에 동분서주하는 사람_ 119
인맥이 풍부한 사람의 공통적인 매력

정보 수집에 열심인 사람_ 121
싼 게 비지떡이다

4 이런 습관이 있는 사람_ 123

정열을 철저히 억누르는 사람_ 125
누구에게도 반대 의견이 없을 때

10정도 이야기를 12로 부풀리는 사람_ 127
능력 있는 매가 발톱을 자랑한다

자기 일과 남의 일을 구별하는 사람_ 129
성장하지 못하는 까닭

아침형 인간, 밤형 인간_ 132
하루 중 가장 집중할 수 있는 두 시간을 어떻게 사용할까

접대 받는 걸 좋아하는 사람_ 134
대접받았으면 반드시 되갚아라

점심을 간단히 때우는 사람_ 136
'점심시간이 되면 점심을 먹는다'는 발상을 버려라

스스로 분위기 메이커라고 생각하는 사람_ 138
10분 정도는 연기할 수 있는 사람이 돼라

언제나 남의 시선에 신경 쓴 사람_ 141
무대에서 연기하는 명배우가 될 수 있는가?

어떤 때라도 마이 페이스인 사람_ 142
미남에게는 미남, 악역에게는 악역의 연기가 있다

뭔가 있으면 바로 회의를 여는 사람_ 144
왜 회의는 1/4밖에 의미가 없을까

그 자리를 원만하게 수습하려는 사람_ 146
당신은 반대 의견에 어떻게 대처하는가?

남이 말하는 것을 금방 부정하는 사람_ 148
대안 없는 반대는 생트집이다!

만장일치로 결론을 내리려는 사람_ 150
자기 결론을 갖고 회의에 임하는가

허황된 꿈을 꾸는 사람_ 151
판매 목표를 달성한 경우, 달성하지 못한 경우

독단으로 일을 진행하는 사람_ 152
'안 되는 이유'가 아니라 '되는 이유'를 생각하라

항상 멋쟁이인 사람_ 154
내용으로 승부하기 전에 겉모양으로도 승부하라

자신을 어필할 것만 생각하는 사람_ 155
'말하는 방법'보다는 '말할 때'에 신경을 써라

사내 정보에 정통한 사람_ 157
정보통, 사내통의 맹점

첫인상으로 사람을 판단하는 사람_ 158
사람을 처음 만날 때 반드시 주의해야 할 것

재테크에 능숙한 사람_ 160
'바보 같은 시대'의 교훈을 얼마나 활용할 수 있을까?

5 이런 **말**을 하는 사람_ 163

말을 툭툭 내뱉는 사람_ 165
'모난 돌'에서 '너무 모난 돌'이 돼라

말을 잘 못하는 사람_ 167
치명적인 문제, 머리를 쓰지 않기 때문에 말을 못하는 것이다!

묵묵히 실천하는 사람_ 169
왜 베이브 루스의 홈런만이 기억에 남는 걸까

자기 의견을 말할 줄 아는 사람, 말 못하는 사람_ 171
자신만의 독특한 시각을 기르는 신문, 서점 이용법

입에 발린 말에 능숙한 사람_ 173
상대를 칭찬하기 전에 이것만은 조심하라

모르는 건 뭐든지 질문하는 사람_ 175
내가 굳이 간단하게 지시하는 이유

불평불만을 자주 하는 사람_ 177
성공한 사람 가운데 말 많은 사람 없다

자기 권리를 확실히 주장하는 사람_ 179
스스로 부담을 짊어지고 일하는 사람은 반드시 성장한다

남을 칭찬하는 사람_ 181
남의 장점을 솔직히 인정할 만큼 '탐욕심'을 가져라

호언장담하는 사람_ 183
대단하게 보이려는 것이 오히려 역효과를 낼 때

6 이런 태도를 가진 사람_ 185

부하를 나무라지 않는 사람_ 187
상사의 역량은 혼내는 에너지로 안다

톡톡 튀게 일하는 사람_ 189
'우수한 사원 20%', '쓸모없는 사원 29%'의 이론

남의 의견에 순순히 귀 기울이는 사람_ 191
좋은 이야기도 나쁜 이야기도 귀에 들어오는가

부하의 상담을 자주 들어주는 사람_ 194
불평인가 의견인가, 우선 그것을 판단한다

감정적으로 화내는 사람_ 196
변화구, 실패한 본인이 아니라 그 부하를 혼내는 법

좋아하는 일만 하려는 사람_ 197
자기의 잠재능력은 이런 데서 안다

태도가 부드러운 사람_ 199
'좋은 사람'은 '무능'의 대명사다

잘나가는 부서에 소속되지 않으면 불만인 사람_ 200
제멋대로 말할 수 있는 사원이 돼라

자존심이 높은 사람_ 201
자기의 현재 위치를 확인하는 방법

상사보다 상사 위의 상사를 신뢰하는 사람_ 203
'마지막 결정타'는 여기서 사용한다

자기가 입안한 일에만 열심인 사람_ 206
'시시한 일'을 어떻게 잘 처리할까

부서의 성공을 자기 혼자의 힘이라고 믿는 사람_ 208
팀플레이보다 중요한 것이 있다

예스맨을 곁에 두고 싶어 하는 사람_ 209
부하의 눈과 귀는 이렇게 사용하라

상사의 태도에 기분이 좌우되는 사람_ 211
자기 의견이 통할 때를 읽어라

7 이런 **견해**를 가진 사람_ 213

감점주의자, 가점주의자_ 215
여유가 없으면 모험하지 않는다, 모험하지 않으면 성공도 없다

운과 불운으로 일을 생각하는 사람_ 218
승리의 운을 잡는 사람에게 공통되는 것

문제가 있으면 자력으로 해결하려는 사람_ 220
최선책은 이것밖에 없다

일과 사적인 시간을 확실히 나누는 사람_ 222
공사혼동이 가능한 사람은 일도 잘한다

잔업을 자주 하는 사람_ 224
시간과 일의 질 양이 비례하는 사람, 비례하지 않는 사람

동료의식이 강한 사람_ 226
'모난 돌'이 되려는 사람이 회사에서 성장한다

결과가 전부라고 생각하는 사람_ 228
'우연한 성공'은 있어도 '우연한 실패'는 없다

큰일에는 위험이 따르기 마련이라고 생각하는 사람_ 230
일에 미학을 끌어대지 마라

최악의 상황이 된다고 생각하는 사람_ 231
당연히 팔려야 할 무건이 전혀 팔리지 않을 경우

8 이런 가치관을 가진 사람_ 235

질보다 속도를 우선하는 사람_ 237
항상 두 가지 요구사항을 염두에 둔다!

쇠꼬리보다는 닭머리를 목표로 하는 사람_ 239
최고를 목표로 삼지 않는 사람에게 기대할 수 없다!

자기 월급과 남의 월급을 언제나 비교하는 사람_ 241
국제가격으로 자신의 연봉을 평가하라

출세주의에 등 돌리는 사람_ 243
출세하고 싶지 않아도 출세하고 만다는 것

회사에 친구가 없는 사람_ 245
감자밭에서 무 찾는 일은 하지 마라

일보다 가정을 우선하는 사람_ 247
행복한 가정은 최후의 목표가 아니다

자기 인생관을 금세 일에 갖고 오는 사람_ 249
밥 먹기 위한 일, 보람을 느끼기 위한 일

속마음 따로 겉마음 따로인 사람_ 250
자신을 4등분하여 사용하라

애사정신이 강한 사람_ 252
신세기의 가치관- '일 잘하는 사람'의 절대조건

> 성공하는 비즈니스에는
> 철학이 있다

― 호리바 마사오 ―

a good worker
not a good worker

a good worker
not a good worker

1

이런 성격이 있는 사람

단점은 뒤집으면 장점이 되기도 한다. 포기가 빠른 것은 내 단점이지만, '포기가 빠르다'는 것은 '기분 전환이 빠르다'는 의미이기도 하다. 기분 전환이 빠르면 실패의 꼬리를 밟지 않고, 하나를 고집하지 않아서 유연한 발상과 탄력 있는 대응을 할 수 있다. 결국 이것은 한 가지 '장점'인 셈이다. 이것이 단점을 장점으로 바꾸는 나만의 '성격교정법'이다.

일 잘하는 사람 일 못하는 사람

결론을 빨리 내리는 사람
지금 해야 할 것, 하지 말아야 할 것

　비즈니스의 요체는 '자르기'다.

　자르기란 지금까지 쏟아 부은 자금, 시간, 노력, 혹은 눈에 보이는 이익 등 모든 것을 버리는 것이다. 진행하는 데 위험을 느꼈다면 망설이지 말고 자를 것. 이것이 회사도 사원도 성장하는 비결이다.

　예를 들어 전에 우리 회사에 이런 일이 있었다. 기술진이 의료기기 제조업체와 공동으로 적외선 센서를 사용하는 고막체온계를 개발했다. 고막은 뇌와 가깝기 때문에 정확한 체온을 잴 수 있는 획기적인 신제품이었다.

　잘 팔렸다.

　호리바 제작소의 독점기술이라는 이유 때문에도 꽤 돈을 벌었다. 그런데 그 후 이 분야에 브라운, 마쓰시타 전공 등 여러 대기업이 참여해왔다. 정밀도가 높기 때문에 고막체온계가 주류를 이룬 것이다.

　그러면 호리바 제작소는 이런 기업들의 참여를 어떻게

받아들여야 할까. 사내에서 의논한 결과 내린 결론은 '철수'였다. 선발주자로서 기술에도 자신이 있었고, 또 그때까지 잘 팔리고 있는 제품을 포기해버린 것이다.

왜였을까?

수요와 가격은 반비례 관계에 있기 때문이다. 고막체온계가 보급되면, 그에 따라 가격도 당연히 내린다.

전자계산기가 그 좋은 예인데, 가격으로 승부하자면 대량생산을 할 수 있는 노하우와 설비를 갖춘 업체가 승리하는 것은 불을 보듯 뻔한 일이었다. 벤처 기업인 호리바 제작소가 대량생산에 의한 가격경쟁에서 대형 가전업체와 승부하는 것은 결코 좋은 대책이 아니었다. 그렇게 판단한 것이다.

사내 의견 중에는 지금 잘 팔리고 있으니, 바로 철수하지 말고 조금 더 이익을 낸 뒤에 물러나자는 의견도 있었다. 그렇지만 사장으로서 말하자면 돈을 잘 버는 지금이야말로 굳이 철수해야 하는 때다.

이것이 '자르기'다.

거품경제 시기에는 많은 기업이 땅을 굴려서 손쉽게 돈을 벌었다. 그러나 적당한 때 자르기를 하지 못해서 결국 거품경제의 붕괴와 함께 도산했다. 회사도 사원도 근거 없는 '조금만 더' 하는 욕심이 제 묏자리를 파고 마는 것이다.

한 번 정한 것은 끝까지 하려는 사람
단점조차 무기로 만드는 나의 방법

호리바 제작소의 사원은 좋은 의미든 나쁜 의미든 포기가 늦은 사람이 많다.

창업자인 나는 정반대다.

나는 극단적으로 포기가 빠른 사람이다. 이것을 자랑하고 싶은 마음은커녕, 단점이라 생각해 반성하고 자제했으며, 그리고 고쳐지지 않는 성격이라 늘 한탄해왔다.

그렇지만 되돌아보면, 혹시 내 발빠른 포기가 아니었다면, 아마 오늘의 호리바 제작소는 없었을 것이라는 생각이 든다. 호리바 제작소가 벤처 기업으로서 세계 정상의 분석기기 제조업체로 성장한 것은 나의 이 '단점' 없이는 이야기할 수 없다.

내 꿈은 원자물리학 분야의 연구자가 되는 것이었다. 고등학교 시절, 이것을 인생의 목표로 정해 꿈에 그리던 교토대학 이학부 물리학과에 진학할 수 있었다.

그런데 입학의 기쁨도 잠시뿐, 전쟁의 상황은 날이 갈수록 격렬해져, 내가 3학년이던 1945년 8월 드디어 일본은 무조건 항복하고 말았다. 그리고 종전 며칠 뒤 대학의 핵실험시설은 미국에 의해 파괴되어 연구를 이어가기가 불가능해졌다.

졸업 후에도 대학에 남아서 연구를 계속하려 한 내 인생 설계가 이 시점에서 크게 틀어지고 만 것이다.

그렇지만 젊었던 나는 청운의 꿈을 포기하기 싫었고, 나름대로 연구시설을 만들려고 호리바 무선연구소(호리바 제작소의 전신)의 깃발을 올렸다. 종전한 지 겨울 2개월 후의 일이었다.

그러나 작더라도 회사인 이상 유지해 나가지 않으면 안 되었다. 연구를 계속하기 위해 만든 회사였지만, 어느새 돈 벌기가 최우선인 나날이 이어지고 말았다.

그런데 이때 포기가 빠르다는 내 '단점'이 얼굴을 내밀기 시작했다.

혹시 내가 신념에 불타는 사람이라 연구를 위해 만든 회사라는 생각을 초지일관 고집했다면 호리바 무선연구소는 어떻게 되었을까. 도산했을 것은 뻔한 일이고, 그렇게 됐다면 오늘날 호리바 제작소는 존재하지 않았을 것이다. 다소 억지이긴 하지만, 포기가 빠른 사람이라는 단점이 플러스로 작용한 것이다.

결과가 전부다. 어차피 인생은 결과 그 자체가 전부인 것이다.

일반적으로 비즈니스 세계에서 포기가 빠른 사람이라는

평가는 '저 사람은 회사에 도움이 안 되는 사람'이라고 여겨지는 것과 같다. 어떤 면에서는 '낙오자'라는 낙인이라고 해도 좋을 것이다.

왜냐하면, 비즈니스에서는 끈질기게 매달려서 이룬 성공이야말로 높이 평가받기 때문이다. "했지만, 안 됐어요"라고 답하는 사람은 근성 없고 실력이 뒤떨어지는 사원일 뿐이다.

그것은 분명한 사실이다. 나도 경영자로 근성 없는 사원은 필요하지 않다. 어떻게 운 좋게 입사할 수는 있어도 성장할 리가 없다. 우선, 그런 패거리가 출세한다면 그 회사에 미래는 없을 것이다. '포기가 빠른 사람 = 쓸모없는 사원'이라는 정설에 이의를 제기할 사람은 없다고 생각한다.

단 이 정설은 '지금까지는'이라는 주석을 붙여야 한다. 왜냐하면 경제가 상승곡선을 타던 지금까지는 끈질기게 매달리면 어떻게 되었다. 경제성장이라는 맛있는 파이가 점점 부풀어 오르고 있었기 때문에 얼마나 참을 수 있느냐는 확실히 한 가지 힘이었다.

그렇지만 마이너스 성장이라는 미체험 영역에 일본 경제가 들어서면서 가치관이 다양해짐에 따라 '일 잘하는 사람'의 정의가 크게 변한 것은 차라리 당연하다고 말해도 좋을 것이다.

결국 이제부터는 '포기가 빠르다'고 해서 '일을 못한다'고 단정 짓는 일은 없어질 것이다.

차라리 '하나가 실패하면, 바로 다음 일에 착수하는' 빠른 전환, 풍부한 발상이 커다란 무기가 될 것이 틀림없다. 이처럼 자기의 단점을 플러스로 바꾸어 일에 활용하는 것이 점점 일 잘하는 사람의 큰 조건이 되리라고 생각한다.

그건 그렇다 치더라도, 우리 호리바 제작소 사원은 포기가 너무 늦다. 끈기 있는 사원이 많다고 평가해주시는 분도 있지만, 그것은 오해다. 내 눈에는 그것은 새로운 일에 도전할 용기가 없는 것이다.

자기 결점을 고치려는 사람
쓸데없는 노력은 하지 마라

사람이 서른 살을 넘기면 성격은 좀처럼 바꿀 수 있는 게 못 된다.

예를 들어 나처럼 포기가 빠른 사람이 기를 쓰고 노력해도 끈기 있는 사람이 되기는 불가능에 가깝다.

성실한 사원일수록 결점을 고치려고 노력하기 마련이

지만, 바뀌지 않는 것을 바꾸려고 노력하는 것은 바보 같은 일이다. 그런 것으로 시간을 허비해서는 일을 잘할 수 없다.

그럼 결점은 방치해두어도 좋을까?

괜찮을 것이다. 그 대신 그것을 플러스로 만들어 성장시키겠다는 노력을 하면 된다.

단점과 장점은 표리관계이기 때문에 '포기가 빠르다'는 것은 '기분전환이 빠르다'는 의미이기도 하다. 기분 전환이 빠르면 실패의 꼬리를 밟지 않고, 하나를 고집하지 않아서 유연한 발상과 탄력 있는 대응을 할 수 있다. 결국 이것은 한 가지 '장점'인 셈이다.

'단점은 그대로 둬라.'

나의 이 말에 고개를 갸웃거리는 이가 있다면, 그 사람은 결점은 반드시 극복해야만 한다는 '세상의 상식'에 사로잡힌 불쌍한 사람이다. 단점과 장점은 선악처럼 대립하는 관계가 아니라, 양립관계다.

다시 말해 지금 예로 들었듯이 '포기가 빠른 정도'와 '끈기가 있는 정도'는 어느 쪽이 좋다고 말할 수 있는 것이 아니다. 각각의 상황, 개개인의 성격에 따라 장점으로 만들 수 있는 것이다. 그리고 이 유연성이야말로 일 잘하는 사람의 중요한 요소라고 확신한다.

이것이 단점을 장점으로 바꾸는 나만의 '성격 교정법'이다. '세상의 상식'을 취할까, 내 '성격 교정법'을 취할까, 그것은 당신 자신이 결정할 일이다.

한 가지 일에 끈질기게 매달리는 사람
큰일을 하는 사람은 이 점이 다르다!

이 사람이 없었다면 호리바 제작소도 성장하지 못했으리라고 생각되는 연구자가 있다.

내가 '극단적으로 포기가 빠른 사람'이라면 그는 정반대로 '극단적으로 집요한 사람'이다.

오우라 마사히로(大浦政弘, 전 부회장)라는 인물로, 내 뒤를 이어 사장이 됐던 사람이다. 그가 개발한 자동차 배기가스 측정 장치는 현재 우리 회사 매출액의 절반 가까이를 차지하는 주력상품이 되었다.

이야기는 1964년에 들어선 지 얼마 되지 않았을 때로 거슬러 오른다.

당시 호리바 제작소에서는 호흡을 측정해서 심폐기능을 조사하는 기계를 제조하고 있었다. 여기에 주목한 사람이

때마침 견학하러 왔던, 통산성 연구기관인 공업기술원의 공해자원연구소 직원이었다.

그는 이 기술을 자동차 배기가스 측정에 응용할 수 있지 않겠느냐고 제안했다. 이때는 통산성이, 자동차 배기가스 문제가 머지않아 차츰 심각해질 것이라고 판단하고 대응에 착수한 시기였다.

그러나 나는 거절했다.

심폐기능측정기는 대학의 연구실이나 의료기관 등 청결하고 환경이 좋은 장소에서 쓰일 것을 상정해서 개발한 것이었다. 그만큼 벤처 기업인 호리바 제작소가 심혈을 기울여 만든 제품이었다.

그 소중한 제품으로 하필이면 먼지와 기름 같은 불순물이 섞인 자동차 배기가스를 측정하려고 하다니 말도 안 돼. 말투는 정중했지만, 나는 내심 화가 나 있었다. 사원들은 내 기분을 아는 만큼 이 이야기는 당연히 흐지부지됐다. 아니, 흐지부지된 게 틀림없었다.

그로부터 얼마 지난 어느 날의 일이다. 공장을 돌아보는데, 한쪽 구석에 처음 보는 상자처럼 생긴 기계가 놓여 있는 것을 발견했다. 뭘까 하고 뚜껑을 열어보니 안에 심폐기능측정기가 설치되어 있었고, 거기에 샘플링 장치와 그 부속품이 빼빽하게 들어 있었다.

한눈에 배기가스측정기로 개조하기 위한 실험인 것을 알았다. 사장인 내가 거절한 연구를 사원이 제멋대로 몰래 진행해온 것이다.

나는 몹시 화를 냈다.

"이거, 누가 하는 거야?"

당시 개발 책임을 맡고 있던 오우라가 거론되었다.

"이봐, 내 허락도 없이 이런 일을 시작해서 어쩔 셈이야! 어서 시말서 써!"

나는 화가 치미는 대로 소리를 질러댔다. 그러나 오우라는 꿈쩍도 하지 않았다.

"사장님, 그렇게 화만 내지 마세요. 이것은 적어도 서너 대는 팔립니다. 도요타, 닛산, 그리고 마쓰다, 이스즈…"

그는 거꾸로 내 설득에 나섰다.

"좋아, 알았어. 석 대야. 그 대신 석 대도 안 팔리면 시말서 써."

오우라의 열의에 마음이 움직였다면 모양새가 좋겠지만, 이것도 내 성격인 셈이다. 몇 마디 싫은 소리를 주거니 받거니 하다가 허락하고 말았다.

이렇게 해서 완성한 배기가스측정기는 석 대가 아니라 300대, 3만 대가 되고 세계적인 히트 상품이 되어 우리 회사의 달러 박스로 성장했다.

여기서 생각해보자.

사장이 하고 싶지 않은 일에 손을 대는 것은 사원 처지에서 보면 아주 커다란 위험 부담을 안는 일이다. 사장의 의사를 거스르기 때문에 잘되면 본전이지만 만약 실패라도 하면 명령 위반으로 그에 상응하는 처벌이 기다린다.

그렇지만 오우라는 끈질겼다. 최소한 석 대는 팔린다며 한발도 물러서지 않았다. 지금 "싫은 소리를 주거니 받거니 하다가"라고 말했지만, 오우라의 이 끈질김이 있었기 때문에 나도 받아들이고 만 것이다. "혼났으니까 그만두지"하는 정도였다면, 우리 회사를 지탱해주는 배기가스측정기는 완성되지 못했다.

태양빛으로 종이는 타지 않는다. 그러나 렌즈로 빛을 모으면 불이 붙는다. 한 점에 집중해서 끈질기게 매달리는 사원은 반드시 큰일을 해낸다. 포기가 빠른 것도 장점이라면 끈기가 있는 것 또한 장점이다.

앞에서 말한 것처럼 양자는 선과 악의 관계가 아니라 양립할 수 있는 것이다. 각각의 성격에 따라 그것을 플러스로 만드는 것이 일을 하는데 중요한 요소다.

가능성이 낮은 일에 도전하는 사람

상식적으로 생각해야 할 때, 모험해야 할 때

"할까, 하지 말까."

비즈니스에서 결단은 기본적으로 이 양자택일이다. 그리고 어느 쪽을 선택하느냐가 성공과 실패를 결정짓는 중요한 요인이 된다.

그러면 판단의 기준은 어디에 있을까.

상식적으로는 채산이나 성공률이지만, 내 경우는 다르다. 물론 경영자인 이상 채산과 성공률을 가장 먼저 생각하지 않을 수 없지만, 그것이 다는 아니다.

성공률은 단 10%밖에 없어도 결단을 내려 연구개발비를 투자할 때가 있다. 왜냐하면 이런 결단이야말로 벤처비즈니스를 하는 호리바 제작소의 생명력이라고 확신하기 때문이다.

결국 눈앞의 요구가 있기 때문에 개발하는 것이 아니라, 개발 자체가 목적인 셈이다.

예를 들어 호리바 제작소가 전에 개발에 성공한 X선 분석 현미경이 있다. 그때까지 현미경에는 가시광선을 사용하는 보통 현미경과 전자선을 사용하는 전자현미경 두 가지가 있었다. 그러나 이 새로운 현미경은 X선을 이용한 것으로, 기술적으로 어려워서 개발이 불가능하다고 여겨져 왔다.

이 연구개발의 품의서가 나에게 올라왔다. 성공률은 불과 10% 이하라고 했다. 바꿔 말하면 돈을 그냥 버릴 확률이 90% 이상이었다.

그렇지만 나는 결단했다.

이유는 호리바 제작소가 하지 않으면 누가 하겠는가 하는 자부심과 기개였다. 그리고 이 기개가 참된 것이라면 어딘가에 반드시 수요와 시장이 있다고 생각했다.

다시 말해 어떤 장르, 어떤 업계라도 전체를 살펴보면 생각하지도 못한 부분에 구멍이 뻥 뚫려 있는 걸 발견할 수 있다. 수요가 없기 때문에 구멍이 뚫려 있는 것인가, 그만한 기술이 없기 때문인가. 그 이유는 여러 가지겠지만, 내 경험에 비추어 말해보면 그런 구멍은 되도록 메우는 게 좋다.

전문적인 이야기는 생략하고, 시행착오 끝에 우리 회사 기술진은 X선 분석 현미경 개발에 성공했다. 확률이 10% 이하인 일을 멋지게 해낸 것이다.

맨 처음 주문이 온 곳은 경시청 감식과였다. 뺑소니차 사건 같은 데서 현장의 파편에서 차종을 알아내는 데 위력을 발휘했다. 그 후 위조 여권 사진을 검사하기 위해 나리타 공항의 입국심사에 도입되는 등 용도는 연구용뿐만 아니라 의외의 곳으로 넓어져갔다.

물론 과감히 결단해서 실패한 예도 적지 않다. 그렇지만 비즈니스맨으로서 큰 뜻을 품는다면, 위험 부담을 피해서는 성공할 수 없다는 것을 명심해야 한다. 도전해볼 가치가 있다고 판단이 서면 성공할 가능성이 비록 낮더라도 과감하게 도전한다. 이런 사람이 일 잘하는 사람이 되어 간다.

그 자리에서 바로 결정하는 사람
막판에 망설이는 사람은 이것이 부족하다!

호리바 제작소의 라디오 광고를 만들 때 일이다.

우리 회사가 FM라디오 음악 프로그램의 스폰서였기 때문에 당시 홍보를 맡았던 E과장은 '음악만으로도 설득이 가능한 광고'를 기본 콘셉트로 삼았다. 90초짜리 광고였다.

E과장은 환경 문제를 주제로 해서 곡을 만들어달라고 협찬 프로그램의 싱어송라이터에게 의뢰했다. 1990년 일이다.

2개월 후 프레젠테이션 날. 작곡가를 비롯해 프로덕션, 음반사 직원 등 10여 명이 동석했다. E과장은 프레젠테이션된 세 곡을 모두 들은 후 어느 곡을 쓸 것인지를 그 자리에서 결정했다.

〈Tower of Vanity(허영의 탑)〉라는 곡이었는데, 이 자리에서 벌어진 큰 사건은 이 곡이 세 곡 가운데 최고였는가 하는 데 관계된 일이 아니라, 담당자가 그 자리에서 바로 판단을 했다는 데 있다.

게다가 나중에 들으니 관계자 대다수가 E과장이 다른 곡을 고를 줄 알았다고 했다. 그 곡의 느낌이 좀 어두워 기업의 광고로서는 적절하지 않다는 평가였다. 작곡가도 "나는 이 곡이 제일 좋지만, 호리바 제작소에서는 아마 받아들이지 않을 것"이라고 스태프에게 말했던 것 같다.

그런데 E과장이 "바로 이 곡이야" 하고 그 자리에서 결정했기 때문에 작곡가도 대단히 감격했다고 한다. 보통 이런 경우 담당자가 이 곡을 일단 회사에 갖고 가서 상사와 상의하기도 하고 경우에 따라서는 임원회의를 거쳐서 결정하곤 한다.

그 후 이 일이 계기가 되어 작곡가와 음반사, 호리바 제작소가 하나가 되어 광고 이외에도 여러 가지 프로젝트를 함께 하게 되었다.

E과장은 훗날 이 곡을 선택한 이유를 이렇게 설명했다.

"저는 과장에 불과하지만, 이 프로젝트의 책임자입니다. 세 곡을 듣고 있자니 이 곡을 들을 때만 작곡가의 표정이 달랐습니다. 뭔가 자신의 소중한 것을 대하는 듯한 애정을 느꼈습니다. 아마도 작곡가는 이 곡을 가장 좋아하는 것 같다고 생각했습니다. 저는 음악에 대해서는 문외한입니다. 프로가 가장 자신 있어 하는 곡이 좋은 것은 당연합니다."

아주 단순한 이유이지만, 나는 이 자세를 높이 평가했다. 왜냐하면 '결단'은 '책임'과 항상 하나를 이루기 때문이다.

그가 그 자리에서 결단을 피해 "세 곡을 회사에 갖고 가 검토해보겠습니다"하고 말했다면 책임 회피도 됐을 것이 틀림없다. 그런데 그렇게 했을 경우 작곡가를 비롯해 현장의 사기도 이만큼 오르지 못했을 게 뻔하다.

그러면 정확하고 신속한 결단을 하기 위해서는 어떻게 하면 좋을까.

바로 일이 진행되는 상황을 항상 시뮬레이션하는 습관을 몸에 붙이는 것이다. 진행하는 테마에 대해 '조건이 A라면 결론은 B' '조건이 C라면 결론은 D' 하는 식으로 여러 가지 경우를 끊임없이 머릿속에서 시뮬레이션해두는 것이 결단의 빠르기로 나타나기 때문이다. 상담에 임해서 바로 대답할 수 있는 영업자는 상대가 낼 것이라고 생각되는 조건을 사전에 미리 검토해둔 사람이다.

타사의 영업 책임자에게서 "호리바 씨 회사는 대단해요. 계장급에도 결정권을 주다니, 정말 벤처 기업이에요" 하고 칭찬을 들었던 적이 있다. 거래처와 상담할 때 다른 회사 담당자들은 "회사에 돌아가서 검토한 뒤 결과를 말씀드리겠습니다" 하고 결론을 보류하는데, 우리 회사의 20대 젊은 담당자만이 즉석에서 대답했다고 한다. 그리고 그것이 기회로 연결되었다.

시뮬레이션하는 습관을 몸에 익히라고 해서 일부러 시간을 내서 생각할 필요는 없다. 호흡하듯이 항상 머릿속에 그려두는 것만으로도 족하다. 이것만으로도 결단은 비약적으로 빨라진다.

결단의 빠르기가 마치 '우연한 번뜩임'인 양 생각하는 사람도 적지 않지만, 이것은 완전히 오해다. 결단은 치밀한 마케팅 덕택인 것이다.

우선 큰소리 떵떵 쳐놓고 보는 사람
자기가 속아 넘어갈 정도로 큰소리 쳐봐라

결단이 빠르다는 평을 받는 사람 중에는 '큰소리부터 떵떵 쳐놓고 보는 사람'이 많은 것 같다.

본인은 그렇게 의식하지 않을지도 모르지만, 결단이 빠른 사람은 우선 큰소리를 쳐놓고 그 뒤 어떻게 할지를 생각하는 경우가 많다. 거꾸로 말하면 어떻게 하려는지 자세하게 생각하지 않고, 먼저 직감으로 판단을 하기 때문에 결단이 빠르게 되는 셈이다.

내 경우가 좋은 예다. 나는 거의 매주 도쿄에 가는데, 도쿄에서 기어이 큰소리를 쳐놓고는 돌아오는 신칸센에서 "이거, 너무 힘든 일을 받아들였는걸"하고 후회하는 일이 적지 않다. 단 그럴 때는 "하기로 한 이상 어쩔 수 없지, 할 수밖에 없겠군!"하며 스스로 기합을 불어넣고는 한다.

나는 자신을 몰아넣는 것으로 분발하는 유형이다. 분발하면 노력한다. 노력하면 일도 충실해진다. "호리바 씨는 결단이 빨라"하고 칭찬받지만, 무대 뒷면을 밝히자면 실은 그렇다.

깊게 생각하는 사람
대답은 15분 안에 나온다!

어떤 어려운 문제도 15분이면 결론이 나온다.

"별 뾰족한 명안이 나오지 않는 사람일수록 오래 생각한다"는 옛말은 참 그럴듯하다는 생각이 든다. 15분 이상 생각해도 생각나지 않으면 명안이 나올 리가 없다.

깊게 생각하는 유형이라 여겨지는 사람은 내 표현으로 하면 단순히 망설이고 있을 뿐이다.

그러면 왜 '15분'인가?

그것은 내가 도쿄 출장에서 얻은 경험이다. 나는 도쿄의 교통체증을 피해 지하철을 이용하는 경우가 많다. 지하철로 이동하는 경우 목적지가 어디든지 대체로 15분에서 20분 정도면 도착한다. 나는 이 시간에 이제부터 만날 상대에 대해 시뮬레이션을 하곤 한다.

"이런 조건을 내밀면 결론은 노(No!)" "이런 정도라면 예스(Yes!)" "이 조건을 내밀어오면 오늘은 결론을 내지 않는다" 등 그 자리에서 결단하기 위한 기준선을 미리 결정해둔다. 도쿄 출장에서는 집중적으로 사람을 만나기 때문에 미리 이것저것 생각할 여유가 나지 않으므로 자연히 이 동시간을 이용하게 됐다고 말할 수 있겠다.

그것을 위한 소요시간이 대체로 다음 장소에 도착하기까지 걸리는 15분이라는 이야기다.

그런데 교토에 돌아오면 생각하는 시간이 길어진다. 도쿄에서는 어쩔 수 없이 15분 안에 생각하지만, 교토에서는 시간 여유가 어중간해서 한 시간이고 두 시간이고 생각에 빠져버릴 때가 있다.

"같은 조건을 도쿄 출장 때 생각하면 15분으로 충분히 정리되는데"하며 내 긴 생각에 쓴웃음을 지을 때가 있다.

이상의 경험에서 알 수 있듯이 어떤 어려운 문제라도 15분만 있으면 결론을 내릴 수 있다. 집에서 역까지 걷는 사이, 역에서 회사로 가는 전차 안에서, 점심시간…. 시간을 나눠서 집중적으로 생각하는 습관을 들이면 결단은 비약적으로 빨라진다.

▎아날로그 발상을 하는 사람, 디지털 발상을 하는 사람
▎5대 5면 '노' 라고 말하라

성공을 눈앞에 두고 실패했을 때 당신은 윗사람에게 어떻게 보고하겠는가?

"죄송합니다. 그러나 지금까지 노력했다는 것만은 평가해주십시오"하고 노력을 호소할 것인가? 아니면 "실패는 실패입니다. 과정에 쏟아 부은 노력과는 관계없습니다"하고 결과만을 사죄할 것인가?

결론부터 말하면 비즈니스는 결과가 전부다. 과정은 문제가 되지 않는다. 자지도 못하고 쉬지도 못하며 노력한들 성과를 내지 못하면 실패다. 반대로 빈둥빈둥 놀아도 성공하면 승자다. 과정에 노력을 쏟아 부어 칭찬받는 것은 아이들의 세계이고, 그런 과정을 호소하는 것은 단순한 응석에 지나지 않는다.

그리고 과정도 평가의 대상이라고 생각하는 것이 '아날로그 발상'이고, 결과가 전부라고 생각하는 것이 '디지털 발상'이다.

시계를 떠올려보면 알기 쉽다. 아날로그시계는 시침과 분침이 있고, 디지털시계는 숫자만이 표시된다. 아날로그시계는 시간의 경과를 따라가지만, 디지털시계는 항상 '결과' 외에는 표시하지 않는다.

비즈니스가 결과로 승부하는 이상 아날로그 발상을 하는 사원은 장래에 상당한 어려움을 각오해야 할 것이다.

단 여기서 명심해야 할 것은 귀찮게도 인간은 기본적으로 아날로그라는 사실이다. 인간의 감정은 애매해서 항상 흔들리고 움직이며 망설인다. 도저히 디지털적으로 가려 내기가 불가능하다.

결국 '아날로그적인 생물'인 인간이 비즈니스 세계에서 항상 '예스 아니면 노'라는 '디지털적인 결단'에 부딪치는 셈이다. 여기에 모순이 있어서 이 모순을 어떻게 해결하는가가 일을 잘하기 위한 결정적인 관건이 된다.

그러면 디지털 발상을 하기 위해 어떻게 하면 좋을까. 바로 어떤 일이든지 자기 나름대로 기준치를 정해둔다. 예를 들어 "5대 5일 경우 '노'라고 말한다" "7대 3이면 '예스'라고 말한다"고 정해두고 그것을 결단의 기준으로 삼는 것이다.

내 기준치는 측정기기 업계에 그것이 필요한가 아닌가 하는 것이다. 결단을 내려야 할 기술이나 제품 개발 문제를 업계라는 전체 판도 안에서 생각해본다. 그리고 그 결단이 업계에서 에어포켓(air pocket, 공중의 기류 관계로 공기가 희박해지는 곳. 비행기가 이곳에 들면 속력을 잃고 고도가 떨어진다. : 역자 주)처럼 뻥 뚫린 구멍을 메울 만한 것인지를 점검한다. 그리고 혹시 그렇다면 나는 망설임 없이 '고(Go)사인'을 준다. 앞에도 말했듯이 "호리바 제작소가 하지 않으면 누가 하랴"는 것이 내 기개이자 로맨스이기 때문이다.

대세를 거스르더라도 자신의 뜻을 관철하는 사람
불안을 극복하는 단 한 가지 방법

내가 경영자로서 처음으로 큰 결단에 직면한 것은 가스분석기 제조에 진출할 때였다.

분석법으로 어느 것을 채용해야 할까?

당시 창업한 지 얼마 되지 않았을 때였는데, 말 그대로 호리바 제작소의 운명을 건 선택이었다.

당시 가스분석법에는 가스 크로마토그래피(gas chromatography)를 시작으로 질량분석법, 전기전도법, 적외선을 사용한 분석법 등 여러 가지가 있었다. 각각 장단점이 있어서 결단 기준치는 50대 50이었다.

모든 방식을 시험해보는 것이 가장 좋겠지만, 막대한 개발비가 들기 때문에 불가능했다. 사운을 걸고 이 가운데 하나를 선택해야 했기 때문에 사내에서는 매일처럼 회의를 열어 기탄없이 의견을 교환했다.

그리고 최후의 결단은 경영책임자인 내가 내렸다.

적외선 방식이었다.

우리 회사의 기술 특성을 고려한 뒤, 당시 가스 크로마토그래피 방식이 주류를 이루었지만 적외선 방식은 앞으로 업계의 공백, 곧 에어포켓 상황에서 주역으로 부상할 가능성이 있다고 보았기 때문이다.

그러나 가스 크로마토그래피 방식을 버리기가 쉽지 않았다. 속으로 49.5대 50.5라는 미묘한 선에서 결단을 내린 것이다. 아날로그 발상의 검토 단계를 거쳐 최후의 판단은 기준치에 의한 디지털 발상에 의지했다.

그러나 조사를 위해 미국에 날아간 나는 머리를 쥐어 싸고 말았다. 업계 사람들 모두가 입을 모아 적외선 방식은 안 된다고 했다. 미국에서는 가스 크로마토그래피 방식이 주류를 이루었던 것이다. 이대로 가면 적외선 방식은 업계에서 밀려날지도 몰랐다.

디지털 발상으로 내린 결단이 흔들리기 시작했을 때 한 사람과 만났다. 이 만남이 훗날 호리바 제작소가 번창하는 데 기초를 만들어주었다. 미국 전역에서 단 한 곳, 적외선 방식을 추구하던 중소 규모 회사의 경영자였다.

"모두들 안 된다고 말하지만, 최후의 승리자는 적외선 방식입니다."

그는 내게 이렇게 말하며 열변을 토했다. 뜻을 강하게 굳힌 나는 "당신은 미국에서 하세요. 나는 일본에서 하겠습니다"하며 굳은 악수를 나누고, 의기양양하게 일본에 돌아왔다.

세계의 대세를 거슬러가면서까지 시작한 기술 개발인

만큼 어려움도 많았지만, 결과는 대성공이었다. 가스 크로마토그래피 방식도 성장했지만, 적외선 방식에서는 우리 회사가 압도적인 승리를 거두어 세계의 기준이 되었다.

그리고 적외선 방식의 기술이 나중에 심폐측정기, 배기가스측정기로 이어져 알찬 결실을 맺었다. 배기가스측정기가 우리 회사의 달러박스가 될 수 있었던 것은 이미 앞에서 이야기한 대로다. 배기가스측정기가 어느 날 갑자기 나타난 것이 아니라, 적외선을 사용한 기술이 아니고서는 만들 수가 없었던 것이다. 솔직하게 말하면 이 방식을 선택할 때는 몸이 오그라드는 것 같은 두려움을 느꼈다. 그러나 대세를 거슬러 결단했기 때문에 비로소 오늘의 호리바 제작소가 존재할 수 있었다. 이처럼 최초의 결단은 신념으로 하는 것으로 대세의 흐름과는 전혀 상관없다. 나는 항상 그렇게 생각한다.

적이 적은 사람
왜 좋은 사람은 성장하지 못할까

누구든지 좋아해서 인망이 높다고 평가받는 사람이 어느 직장에도 반드시 한 사람은 있게 마련이다.

성격이 밝고 사람을 잘 사귀며, 남이 상담을 해오면 그 사람 처지에서 잘 이해해준다. 직장 내에서 인간관계가 이 사람을 중심으로 움직이는 듯 보이기도 한다.

그러나 자세히 관찰해보면 인망이 있는 대신 일은 잘 못한다. 게다가 회의가 시끄러워진다든가 할 경우 이 사람이 수습하려고 나서면 왠지 이야기가 정리되지 않는다.

좋은 사람이지만, 어쩐지 이거다 싶지가 않다.

이런 사람은 실은 '인망가'가 아니라 '남 비위 잘 맞추는 사람'이다. 적이 없기 때문에 좋은 사람이라고 생각하면 큰 오산이다. '인망가'와 '남 비위 잘 맞추는 사람'은 비슷한 듯하지만 엄연히 다르다.

'남 비위 잘 맞추는 사람'은 자신의 의견은 없고 상대에 따라 변하는 사람이다. 그래서 처음에는 인기가 있다. 인망가로 보이기도 한다.

그러나 "A씨 의견도 옳아, B씨 의견도 옳아, C씨 의견도 옳아" 해서는 일이 전혀 진척되지 않는다. 이런 사람은 적이 적을지도 모르지만, 결국 신용을 잃어버리기 쉽다.

그렇다고는 하지만 직장에서는 누구라도 크든 작든 '남 비위 잘 맞추는 사람'이 되고 만다. 회사라는 조직이 종신고용제를 배경으로 하는 일종의 '가족'이기 때문이다. 가족 안에서는 다른 의견을 말하는 사람은 화합을 깨뜨리는 괘씸한 놈이다.

그래서 어쩔 수 없이 인간관계는 신경질적이 되고 만다.

그러나 앞으로는 종신고용제의 붕괴를 거스를 수 없는 것이 대세다. 가족은 단순한 '타인의 집단'이 된다. 게다가 '집단의 시대'에서 '개인의 시대'로 시대가 변해간다. 이른바 '인간관계의 빅뱅'이 시작되는 것이다. 지금까지와는 반대로 자기 의견을 갖지 못한 채 남 비위 잘 맞추는 사람은 회사에서도 쓸모없는 사람이 된다.

단 이 사람 저 사람 추종하는 것과 협조심을 가지는 것은 전혀 다르다. 양자를 혼동하지 말았으면 좋겠다. 주위와 조화하는 것만을 목적으로 세상을 살아가려는 자는 남 비위 잘 맞추는 사람이고, 상대의 의견을 이해하고 그것을 기반으로 최고의 결과를 내기 위해 노력하는 것이 협조심이다.

개인의 시대라고 해도 회사라는 조직이 성공하기 위해서는 상사의 이해와 동료와 부하의 지지가 필요하다. 이 사람 저 사람에게 마음을 쓰는 것도 좋지만, 그 모든 것이 비위 맞추기에 불과하다면 인망을 얻기는커녕 신용만 잃고 만다.

구별 없이 남을 대하는 사람
우물 안 개구리는 우물 안 정보밖에 못 얻는다!

물고기는 잡어(雜魚)일수록 무리를 지으려고 한다.

송사리가 그렇고, 정어리가 그렇고, 전갱이가 그렇고, 숭어가 그렇다.

그러나 도미, 넙치, 재방어 등은 절대 무리를 짓지 않고 유유히 바다를 헤엄쳐간다. 무리를 만들지 않는다는 것은 다른 물고기들과도 구별되지 않고 공생하고 있음을 말한다. 바꾸어 말하면 무리를 짓는다는 것은 다른 물고기들을 배체하는 것과 다름없다.

비즈니스도 그와 마찬가지다.

누구도 구별 없이 대할 수 있는 사람은 비즈니스 세계에서도 여러 유형의 사람과 공생할 수 있기 때문에 조금이라도 더 많은 정보를 얻을 수 있다.

그에 비해 무리 짓는 사원, 곧 배타적인 인간은 정보량이 적은데다가 편협하다. 우물 안 개구리는 우물 안 정보밖에 얻지 못한다. 따라서 누구와도 솔직하게 구별 없이 사귈 수 있는 사람은 일도 잘한다.

도로에 비유하면 일방통행이 아니라 교차로가 되는 것이다.

단, 구별 없이 사귀는 것과 남 비위 잘 맞추는 것은 다르다. 남 비위 잘 맞추는 사람은 자신의 의견이나 철학이 없이, 단지 여기저기에 웃음을 흘리며 세상을 살아가려는 사람을 말한다. 이에 비해 구별 없이 사람을 사귀는 사람은 자신의 확고한 의견과 철학을 갖고 상대에게 그것을 전하며, 또 상대의 의견이나 철학을 인정한 다음에 사귄다.

타협은 아니다. 서로 존중하고 인정하는 것이다.

나도 항상 그렇게 살고 싶어 노력해왔다. 예를 들어 교토라는 땅의 특성상 나는 학생시절에 공산당 사람들과 접할 기회가 많았다. 나는 그들과 사귀기를 거부하지 않았다. 지금도 그들과 계속 사귀고 있다.

여담인데 나는 공산주의는 자본주의와 상극관계이지만 그 사고는 아주 재미있다고 생각한다. 그저 나는 그들에게 이런 말을 자주 한다.

"마르크스나 레닌의 사고방식에 공감을 하지만, 그 사

상을 현재의 정치나 사회에 끼워 맞추는 건 무리야."

물론 그들도 내 말에 반론을 펴지만 그것은 생각하는 방법의 차이에 지나지 않기 때문에 정답이 없다는 것을 서로 안다. 그렇기 때문에 아무런 가슴의 응어리도 없이 사귀는 것이다.

뭐든 자기가 하지 않으면 속 시원하지 않은 사람
완벽주의자 중에 일 잘하는 상사 없다!

부하가 지시를 받고 복사해온 것이 매수가 맞는지 안 맞는지 한 장씩 세어 확인하는 사람이 있다. 완벽을 기하기 위한 것이지만 달리 해야 할 일도 많을 터인데 쓸데없는 수고다.

"완벽주의자 중에 일 잘하는 상사 없다."

이것은 진실이다.

왜냐하면 완벽주의자는 일을 남에게 맡기는 게 불가능하기 때문에 혼자서 일을 전부 껴안고 말아, 얄궂게도 완벽과는 아주 먼 결과로 끝나는 일이 다반사이기 때문이다.

나는 반대로 '아웃소싱 형'이다. 그것도 도가 좀 지나친

아웃소싱 형이다.

단 제품의 기획이나 개발 등 '생각하는' 두뇌 작업만은 내가 책임을 지고 한다. 손발은 남에게 맡기고 두뇌는 내가 맡아 해온 결과가 오늘의 호리바 제작소를 만들었다고 자부한다.

그렇다고는 해도 변명 같지만 남에게 일을 맡기기 위해서는 배짱이 필요하다. 여기서 말하는 배짱이란 일을 맡긴 동료나 부하를 무조건 신뢰하는 배짱이다. 한 번 믿은 이상 그 사람이 실패하더라도 내가 스스로 책임을 지겠다는 배짱이다.

자신이 하지 않으면 마음이 불편한 완벽주의자란 이런 배짱이 없는 사람을 말한다.

부하에게 맡길 수 없기 때문에 혼자서 일을 떠안고는 이러지도 저러지도 못한다. 남에게 일을 맡기지 못하는 사람은 리더가 될 수 없다.

그런데 리더란 두 가지 유형이 있다.

그 중 어느 쪽으로 성장해 가느냐는 자기 그릇에 따라 달라진다. 하나는 '병졸들의 장수'가 될 그릇이고, 다른 하나는 '장수들의 우두머리'가 될 그릇이다.

비즈니스로 말하면 전자는 부하 개개인을 직접 장악하지 않으면 불안해서 어쩔 줄 모르는 유형, 즉 완벽주의자이다. 후자는 조직을 개인이 아니라 집단으로 장악할 수 있는 유형이다. 전자는 '하사관이 될 그릇', 후자는 '사단장이 될 그릇'이라고 할까. 결국 완벽주의자는 대게 하사관에서 멈출 리더이다.

무슨 일에든 참견하는 사람
같은 것을 보고, 같은 이야기를 들었는데 왜 차이가 생길까?

벤처 기업의 기수로 불리는 나는 강연 의뢰를 자주 받는다.

그것도 일본에 국한되지 않고 멀리 외국에서 부탁이 오기도 한다. 장소가 어디든지 벤처비즈니스 계몽에 일조할 수 있기를 바라는 마음에서 시간만 있다면 되도록 강연하기로 마음먹고 있다.

일본과 외국은 청중의 반응이 완전히 다르다는 것이 아주 흥미롭다. 특히 재미있는 것은 강연이 끝난 후부터다. 나는 강연이 끝날 때면 "뭔가 질문 없습니까?"하고 묻곤 하는데, 일본에서는 우선 이 대목에서 질문하는 사람이 없다.

이때를 위해 주최자가 가짜 질문자를 몇 명 준비해둔다. 물론 나는 질문자가 가짜인지 아닌지 모르는 상황이지만, 금방 알아차릴 수 있다. 가짜 질문자는 내 강연이 시작되기 전에 질문을 미리 준비했기 때문에 질문 내용이 강연 내용과 맞물리지 않는다.

좀 심한 경우는 내가 입에 담지 않은 이야기인데도 "아까 호리바 회장님께서 말씀하신 IT혁명에 대해서인데요…" 어쩌고 하며 거침없이 질문한다. 이런저런 질문을 미리 예상해서 "이것도 얘기해야지, 저것도 얘기해야지" 하고 벼르던 나는 골탕을 먹은듯한 심정이 된다.

미국에서는 전혀 다르다.

강연이 끝날 때쯤이면 청중이 웅성거리기 시작한다. "귀중한 시간을 쓰면서 여기까지 왔으니 조금이라도 본전을 건져야지"하는 기분이 오싹하게 느껴진다. 그리고 그들은 지식을 확실한 자기 것으로 만들어 갖고 돌아간다. 일본과는 이 점이 결정적으로 다르다.

그러면 일본인은 왜 질문을 하지 않을까.

강연회에 국한된 이야기가 아니다. 회의를 할 때도 마찬가지다. 호리바 제작소의 회의에서 내가 이야기를 끝낸 후 질문을 해오는 사원은 우선 없다. 이쪽에서 질문을 받겠다고 해도 마찬가지다.

그런 것을 생각하면 강연회에서의 침묵과 회의에서의 침묵에는 한 가지 공통점이 있다. '이런 의견을 말하면 모두가 날 업신여길지도 몰라.' '이런 질문을 해서 웃음거리가 되면 어떻게 하지.' 이렇게 주위의 눈에 신경을 쓰는 것이다.

그래서 침묵한다. 그러나 일을 잘하려면 침묵은 절대 금물이다.

어떤 주제에도 적극적으로 발언해서 자기 자신을 드러내야 한다. 과녁을 겨냥했는데 초점이 어긋나더라도 신경쓸 것은 없다. 어쨌든 남 앞에서 말하는 습관을 몸에 익혀둔다. 그렇게 하면 '서투른 대포도 많이 쏘다 보면 맞을 때가 있다'는 말처럼 한 번쯤은 핵심을 정확히 맞출 때가 있다.

거꾸로 이런 습관을 익혀두지 않으면 어떻게 될까?

좋은 아이디어가 번뜩인다고 해도 자신을 드러내는 습관이 몸에 붙지 않으면 좀처럼 설명하기가 쉽지 않은 법이다. 결국은 자신의 아이디어를 팔 수 있는 좋은 기회를 멀뚱멀뚱 놓쳐버리게 된다.

작은 성공에 만족하지 않는 사람

작은 성공을 차곡차곡 쌓는 사람이 큰 성공을 잡는다

골프는 스코어로 싸우는 게임이다.

당연하지만 풀 스윙을 해도 볼에 클럽이 맞지 않으면 그냥 헛스윙이다. 어느 정도 먼 거리를 날리는 것도 필요하지만 코스에 따라 정확한 샷과 최소의 스트로크로 올라가는 것이 가장 큰 목적이다.

비즈니스도 골프와 같다.

누구라도 300야드 이상 드라이브를 날려서 버디나 이글을 노리고 싶어 한다. 기술자라면 히트상품 개발을, 영업자라면 큰 계약을 맺고 싶을 것이다. 그러나 매타석 300야드를 넘기기란 쉽지 않거니와, 풀 스윙만 해대면서 볼을 조금밖에 날리지 못해서는 아무 일도 할 수 없다. 우선 페어웨이를 치는 것이 중요하다.

시드권을 가진 선수가 되고 싶으면 우선 점수를 올려서 이기는 것을 목표로 해야 한다. 그리고 조금이라도 승률을 높여간다. 이처럼 작아도 좋으니 성공을 쌓아가는 사람은 반드시 일을 잘하게 된다. 왜냐하면 성공을 체험하면서 자신이 붙기 때문이다. 성공의 축적은 곧 자신감의 축적이다.

우리 회사가 미국에서 개최하는 전시회를 홍보과 젊은

사원이 처음으로 담당했을 때 일이다.

상사에게서 모든 권한을 위임받은 사원은 지혜를 짜내 신제품 디스플레이를 시시오도시(논이나 밭에서 새를 비롯한 짐승을 쫓기 위해 만든 장치. 긴 대롱에 물을 흘려 그 반동으로 큰 소리가 나게 한다. : 역자 주)로 표현하는 아이디어를 냈다. 이런 통속적인 수법은 호리바 제작소의 색깔은 아니었지만, 상사는 일부러 눈을 감고 사원이 하고 싶은대로 하게 했다.

결과는 대호평. 미국 쪽 수요자들에게 큰 호감을 불러일으켰다.

담당했던 젊은 사원은 이 작은 성공으로 자신감을 얻었다. 자신의 작은 아이디어가 좋은 결과를 낳는 귀중한 경험을 한 것이다. 반대하지 않았던 상사도 훌륭했지만, 이때의 성공 체험이 원동력이 되어 이 젊은 사원은 급성장했다.

나는 고등학교와 대학교 때 럭비를 했다. 누군가 스포츠로 강해지는 비결이 뭐냐고 물으면 '이기는 것'이라고 대답한다. 예를 들어 지역대회에서라도 무조건 '이기는 것'이 무엇보다 약이다. 승리를 조금씩 쌓아가면서 선수는 차츰 자신감을 갖기 시작한다. 자신감을 가지면 연습에 대한 마음자세도 달라진다. 눈빛도 달라진다. 여기까지 왔으니 머지않아 큰 대회에서 금메달을 딸 거야.

운동선수가 승리를 맛보면서 강해진다면, 비즈니스맨은 성공 체험의 축적으로 성장하는 것이다.

작은 실수에도 금방 부르르 떠는 사람
항상 '왜'인지 생각하는 습관을 붙인다!

크게 실패하는 사람에게는 한 가지 공통점이 있다.

그것은 작은 실수를 그냥 지나치는 것이다. 작은 실수는 모든 일의 시초이며, 그것은 큰 실패에 직결된다. 그래서 작은 실수에도 금방 부르르 떠는 사람은 반드시 일을 잘한다. 왜냐하면 위험을 감지하는 센서가 예민하기 때문이다.

앞서 언급했다시피 나는 학생시절에 럭비를 했는데, 패한 시합을 돌아보면 몇 가지 실패의 원인을 깨닫게 된다. 그 패인은 "패스가 한발 늦었어. 좀더 빨랐더라면" 하는 것과 같은, 정말 하찮은 것이었다. 경기를 하는 동안에는 미처 깨닫지 못했을 만큼 작은 실수였다.

그렇지만 경기를 자세히 분석해보면 이런 작은 실수가 겹쳐 패했음을 알게 된다. 그리고 작은 실수는 너무 작은 나머지 깊게 반성하지 않고 잊어버려 다음 시합에도 같은 실수를 되풀이해서 지고 만다.

회사 경영도 그와 마찬가지다.

사원의 실수를 질책하는 것은 아무리 작은 실수라도 누적되면 결국 중대한 실패로 연결됨을 염려하기 때문이다.

빗물 한 방울이 물웅덩이를 만들고 그것을 원류로 해서 큰 강이 이루어진다.

아마존 강도 황하도 갠지스 강도 그 원류를 거슬러 올라가보면 졸졸 흐르는 작은 개울에 지나지 않는다. 비즈니스의 실패도 그와 마찬가지다. 실패의 원류는 '설마' 하고 여길 만큼 하찮은 실수에 있다.

비즈니스에는 위험 요인이 있기 마련이어서 실수는 '필요경비'와 같다. 따라서 한 번 실수는 대개 큰 눈으로 봐야 한다. 그렇지만 같은 실수가 몇 번이고 반복된다면 비즈니스맨으로서 앞날이 밝지 않을 것을 각오하는 편이 좋다.

그래서 실수를 했을 때는 크든 작든 원인을 철저히 분석해둘 필요가 있다.

'왜'를 키워드로 '왜, 왜, 왜' 하고 거슬러 올라가보면 실수를 범한 '원류'에 닿게 마련이다. '원류'를 확인해보면 같은 실수는 두 번 다시 반복하지 않는다.

실수는 작은 것일수록 자신에게 공부가 된다. 왜냐하면 큰 실수를 저지르게 되면 우선 정신적으로 극도의 혼란 상태에 빠져 원인을 분석하기가 불가능해지기 때문이다. 그래서 아무리 작은 실수라도 그 자리에서 반성하고 원인을 밝혀내어 두 번 다시 같은 실수를 반복하지 않도록 만전의 대책을 강구하는 것이 중요하다.

문자 그대로 실수에서 배운다. 작은 실수는 정원에 돋아난 잡초 같은 것이다. 작기 때문에 내버려두면 어느 사이엔가 정원을 덮어버릴 정도로 돋아난다. 잡초는 싹을 내밀자마자 정성껏 뽑아내는 수밖에 도리가 없다.

돌다리도 두드려보고 건너는 사람
태풍 불 때 출항하는 법

내가 가장 싫어하는 유형은 상사가 지시한 일에 대해 "해본 적이 없어서 잘될지 모르겠습니다"고 대답하는 사람이다. '안전지향' 또는 '돌다리도 두드려보고 건넌다'는 유형이다.

이 대답의 배후에는 "잘 모르겠지만, 최선을 다해보겠습니다. 시켜주십시오"하는 적극적인 자세가 아니라 "잘 몰라서 못하겠어요" "실패해도 제 책임이 아니라고요"하는 소극적인 자세가 있다. 그래서 싫다.

상사가 일을 지시했을 때는 부하가 경험이 없다는 것을 충분히 감안한 뒤다. 이때 상사는 "아직 해본 적이 없는 일이니까 도전해보지 않겠나"하고 부하에게 기대를 건다. 혹은 "이 녀석이라면 이 사태를 타개해 뭔가 해내지 않을까"하는 희망을 거는 경우도 있다.

그런 기대와 희망에 대한 대답이 책임을 회피하는 말이라면 실망하지 않을 수 없다. 나라면 그런 사원 필요 없다고 호통 칠지도 모르겠다.

'모난 돌이 정 맞는다'는 말이 있다. 지금까지 일본 회사에서는 다른 이들과 너무 튀지 않게 지내는 것을 중요하게 여겨왔다.

그렇지만 그것은 일본 기업이 '호송선단(護送船團, 일본 기업들이 정부의 지도 아래 일사불란하게 움직임을 빗댄 말 : 역자주)'을 조직해 경제성장을 일구어낼 때 이야기다.

앞으로는 다르다. 호송선단은 뿔뿔이 흩어져 내일의 행방이 불투명한 시대에 들어섰다. 누구도 앞날을 읽을 수 없게 되었다. 정답은 없는 것이다.

그래서 회사로서는 사원에게 자기주장을 요구하고 제안을 기대한다. 결국 앞으로는 '모난 돌'이 되지 않으면 존재가치를 잃고 만다.

모난 돌이 정을 맞는다. 그렇지만 너무 모가 난 돌은 이제 와서 함부로 정으로 때리지 못한다.

"해본 적이 없어서 모르겠습니다"가 아니라 "해본 사람이 아무도 없기 때문에 꼭 저에게 시켜주십시오"라고 해야만 한다. 태풍이 부는 혼미한 시대라고 해서 목을 움츠리지 말고, 더 과감하게 돛을 올리고 출항해야만 한다.

감정을 얼굴에 드러내지 않는 사람
미국의 부호가 헝그리 정신을 잃지 않는 이유

요즘 젊은이들은 표정이 빈약하다고들 한다. 실패해도 너무 실망하지 않는 대신 성공해도 신나하지 않는다. 차갑다.

희로애락을 그대로 드러내라고는 말하지 못하지만, 뿌리부터 차가운 인간은 우선 일을 못한다고 생각해도 좋을 것이다. 인생에, 그리고 일에 목표가 없기 때문에 감격도 없는 것이다. 목표가 없는 사람이 일을 잘할 리가 없다.

내 반생을 되돌아볼 때 행복했다고 느끼는 이유는 성공도 실패도 모두 포함해서 이루 셀 수 없을 만큼 많은 감격을 맛보았다는 데 있다.

"그래, 그런 발상이 있었군! 나는 아무리 쥐어짜도 그건 미처 생각지도 못했을 거야."

"이런 녀석도 이런 멋진 일을 하려고 하는데. 그래, 나도 힘내자."

이런 나날이었다. 자화자찬이지만 그래서 내게는 진보가 있었다고 생각한다.

젊은 사원이 감격을 잃어버린 것은 헝그리 정신이 없어졌기 때문이라고들 한다. 모든 것에 만족하고 욕구가 빈약해졌기 때문에 목표하던 바를 손에 넣을 때의 감격도 결핍되어 있다는 것이다.

그러나 정말 그럴까?

나는 물질적으로 만족되었다고 헝그리 정신이 없어졌다고는 생각하지 않는다.

예를 들어 미국의 대부호는 어떤가. 그들의 생활은 우리의 상상을 초월할 만큼 모든 것을 갖추고 있지만 헝그리 정신이 넘친다.

"이 사업에서 절대로 호리바에게 지지 않을 거야."

이런 넘치는 투지로 막대한 자본금과 인재를 투입한다. 냉담하기는커녕 생동감 넘치게 얼굴에 홍조마저 띠고 있다. 이런 걸 봐서도 감격 결핍이 헝그리 정신에 꼭 일치하는 것은 아니다.

감정을 드러내지 않는 사람, 그리고 냉담한 사람에게는 삶의 보람과 왜 이 세상에 태어났는가 하는 인생의 목적의식이 없다.

이 세상에 태어난 이상 뭔가를 지구 위에 남기고 죽고 싶다는 발상과 욕심도 없는가? 앞으로 21세기에는 그렇게 포부가 작아서는 안 된다.

약간의 말썽과 성공에 일희일비(一喜一悲)하지 않는다면 칭찬처럼 들리겠지만, 나 같으면 그냥 둔감할 뿐이라고 말하고 싶다. 그런 둔감한 사원이 유감스럽게도 우리 회사에도 많이 있다. 각종 센서를 만드는 호리바 제작소의 사원이라면 자신의 감성을 갈고 닦는 데 더 많이 노력하기를 기대한다.

새로운 것만 쫓아다니는 사람
기발한 발상과 참신한 발상은 하늘과 땅 차이

논에 무씨를 심고 귤밭에 볍씨를 뿌리듯이 뭐든지 가능하던 것이 거품경제 시대의 일본이었다.

백화점이 골프장 경영에 손을 뻗는가 싶더니 철강회사

가 레스토랑 사업에 손을 댄다. 인쇄회사가 이벤트기획사를 만드는가 하면 식품회사가 토지 전매를 한다.

이 거품경제 시대에 각광을 받은 사원은 '언제나 새로운 것을 추구하는 사람'이었다. 이런 사람이 아니면 논에 무씨를 뿌리는 것과 같이 기발한 착상은 나오지 못했을 것이다.

그러나 거품경제 시대의 '열병경제'가 붕괴되어 감속경제 시대로 접어든 지금 이런 사원이 성장한다는 건 있을 수 없는 일이다.

무턱대고 새로운 것을 쫓아다니던 시대는 가고, 앞으로는 자신의 존재와 행복이 무엇인지를 추구하는 일이 가장 중요한 과제가 되고 있다. 회사가 아무리 많은 돈을 벌어도, 그곳에서 일하는 사람이 삶과 일에서 보람을 찾을 수 없다면 아무 의미도 없다.

개나 고양이가 먹이를 찾듯이 뭔가 새로운 것이 없을까 하고 눈을 크게 뜨고 찾는 것이 아니라, 자신의 행복을 쫓아다닌 결과가 '새로운 것'이어야 한다. 인생의 철학을 갖지 않고, 단지 눈앞의 변화와 새로운 것만 찾아다니는 인간에게 미래란 없다.

a good worker
not a good worker

2

이런 **능력**을 가진 사람

인기 없는 남자는 얼굴이 아니라 머리가 나쁘다. 이성에게 인기 있는 것은 일 잘하는 사람의 절대조건이다. 여자사원에게 호감을 얻지 못하는 남자라면 위기감을 가지는 게 좋다. 여자사원에게 인기 있다는 것은 술집에서 인기가 있는 것과 다르기 때문이다. 여자사원들에게 인기가 있으려면 좋은 분위기를 갖출 뿐만 아니라 신뢰감을 주지 않으면 안 된다.

일 잘하는 사람 일 못하는 사람

면밀히 계획을 세우는 사람
뛰어난 모험가일수록 왜 남보다 더 세심할까

무모하게 보이는 어떤 모험도 그 성공의 뒷면에는 만전을 다한 준비가 있었다. 모험에 성공하기 위해서는 '소심한 사람'이 되어야 한다고 말해도 좋을 듯싶다.

아는 사람 중에 아이거 북벽을 등정한 이가 있다.

겨울철 등반으로는 일본인 가운데 두 번째였다. 절벽을 기어 올라가는 모습을 보면 모험이라 부르기에도 너무나 위험하다고 여겨지지만, 그 사람은 발 디딜 적당한 곳을 그때그때 찾으면서 올라가는 게 아니라고 가르쳐주었다.

실은 등산하기 전에 등정 루트를 전부 사진으로 찍어 발을 거는 곳은 여기, 손을 대는 곳은 여기 하고 미리 정해둔다고 한다. 그것도 만일의 경우를 위해 첫 번째 후보 외에 두 번째 후보도 준비하고, 게다가 날씨의 변화에 대비해서 대피 장소까지 면밀히 계산한다. 그런 준비를 마친 다음에 등정을 시작한다고 한다.

그래서 그도 '무모'와 '모험'은 전혀 다르다고 말하는 것이다.

비즈니스도 마찬가지다.

1997년 9월 호리바 제작소는 광학분석기 분야에서 세계 톱클래스의 실적을 가진 프랑스의 인스트루먼트 사(현 Jobin Yvon S. A : 역자 주)를 인수해서 큰 화제가 되었다. 인스트루먼트 사라고 하면 세계 50개국에 독자적인 판매망을 갖고 있으며, 제품은 나사(NASA)를 비롯해 세계 최첨단 연구기관에서도 높은 평가를 받는 회사다.

그런 '거인'을 사들였으니 세계가 놀란 것도 당연하겠지만, 이 인수 프로젝트의 담당자가 아직 40대 초반의 사원-여기서는 A씨로 해두자-이라고 하면 더욱 놀랄 사람이 많을 것이다.

보통 이 정도 규모 인수합병이라면 전문가에게 의뢰하는 것이 상식이다.

그렇지만 A씨는 사장의 전권을 위임받아 스스로, 그것도 혈혈단신으로 교섭에 나섰다. 그는 원래 경리 담당이었지만, 그 동안 십 수 년에 걸쳐 기업분석과 경영분석을 조금씩 혼자 공부해왔다. 그 지식이 이 인수교섭 때 활용되었다.

동시에 이 교섭은 A씨가 능력을 발휘해 모든 이에게 인정받을 수 있었던 계기이기도 했다. 인스트루먼트 사 인수는 아이거 북벽을 오르는 것과 같이 소박하면서도 용의주도하게, 그리고 면밀히 계획을 다듬어 만든 A라는 한 사원의 손에 의해 성공한 것이다. 이런 유형의 사원은 얼핏 보면 눈에 띄지 않고 소심한 사람으로 여겨질지 모르지만, 평상시에도 용의주도한 만큼 큰 프로젝트를 안심하고 맡길 만한 사원이다.

남하고 다른 것을 하려는 사람
"어떻게 하면 실패할까"를 생각해 성공한 남자

우리 회사에 아이디어맨으로 불리는 사원이 있다.

다른 회사와 프로젝트를 만들어 회의를 할 때마다 그 E부장이라는 사원이 언제나 결정적으로 멋진 아이디어를 내는 것 같았다. 그래서 언젠가 E부장에게 아이디어의 원천이 뭔지 물어본 적이 있다.

E부장은 이렇게 말했다.

"회의에서는 누구든지 어떻게 하면 프로젝트가 잘될까를 생각합니다. 그렇지만 저는 어떻게 하면 잘되지 않을까를 우선 생각합니다. 그리고 잘 안 될 방법을 알게 되면 그

반대 방안을 제안합니다. 실패할 내용을 거꾸로 하면 성공하는 것이니까요."

E부장의 아이디어 원천은 이 '역발상'이었다.

여기서 알아주었으면 싶은 것은 아이디어를 낸다고 하는 행위는 무에서 유를 창조하는 '발명'이 아니라 숨겨진 답을 찾아내는 '발견'이라는 것이다.

아이디어가 차례차례 샘솟아 나오는 사람은 '발견'하기 위한 방법을 자기 나름대로 갖고 있는 사람이다.

E부장처럼 '역발상'을 하는 사람이 있는가 하면, '발상 게임'으로 아이디어를 고안해내는 사람도 있다. 예를 들어 "산에는 나무가 있으니까 나무, 나무는 식물이니까 꽃…"과 같이 관련된 키워드를 자꾸 만들어 본다.

그렇지만 어떤 방법을 사용하든 아이디어를 내기 위해 노력하는 사람은 성장한다. 그리고 아이디어맨에게 공통된다고 말할 수 있는 것은 정보의 '서랍'을 잔뜩 갖고 있다는 점이다. 거기에는 지식뿐만 아니라 경험이라는 정보도 물론 들어 있다.

그래서 일뿐만 아니라 놀이도 포함해 이제가지 얼마나 많은 경험을 해왔는지가 중요한 요인이 된다. 젊었을 때 놀아본 사람이 발상이 풍부하다는데, 그것은 놀았다는 사실보다는 남과 다른 체험을 한 것이 활용되어서 그렇다.

그런 의미에서 남과 다른 일을 시도하는 것은 아주 좋은 방법이라고 하겠다. 아이디어의 질은 자신의 서랍에 들어 있는 정보를 어떻게 조립하여 하나의 틀로 만들어 가는가에 따라 결정되기 때문이다. 그러기 위해서는 남과 다르게 사물을 보는 '시점'으로 서랍 수를 자꾸 늘려가야만 한다.

호리바 제작소의 회사 소개 팸플릿 제목은 'Abiroh'이다. 좀 색다른 이름이지만 아무 뜻이 없다. '호리바(Horiba)'를 거꾸로 읽은 것뿐이다. 회사 내에서 바깥(사회)을 보면 회사의 간판이 밖에서 보는 것과는 딱 반대로 읽힌다는 발상이다. 항상 밖을 향해 일하려는 마음자세를 나타낸 것이다. 우리 회사의 기업이념을 이 한마디로 짐작할 수 있으리라고 생각한다.

어떤 일이라도 빈틈없이 해내는 사람
백 점짜리 일, 평균점짜리 일, 빵점짜리 일

'요령이 좋다'는 것은 비즈니스맨으로서는 최고의 자질이 아닐까? 도가 지나치면 '잔재주가 지나쳐 오히려 화를 부르는 경우'가 될지도 모르지만, '뭐든지 빈틈없이 잘해내는 것'은 어쨌든 한 가지 재주이기도 하다.

야구선수로 말하면 1루에 있는 주자를 2루까지 확실히 보내고 싶을 때 번트에 틀림없이 성공하는 타자다. 혹은 화려한 삼진 행렬은 아니더라도 맡겨진 이닝을 최소 실점으로 막을 수 있는 투수다.

이처럼 어떤 일이든 실수 없이 잘해내는 사람이 있다면, 우리 회사에서 꼭 쓰고 싶다.

'빈틈없이 해낸다'는 말에 조금은 야유하는 뉘앙스가 있어서 꼭 칭찬하는 말은 못 되지만, 어느 회사든지 이런 사람이 필요할 게 틀림없다. 모든 사원 가원데 10~20%에게는 이런 능력을 기대하지 않을까.

그러나 일 잘하는 사람이라는 평가를 얻으려면 '뭐든지 빈틈없이 잘 하는 사람'이 아니라, 제너럴리스트가 되기 위한 노력을 하지 않으면 안 된다. 남 위에 서기 위해서는 예산관리부터 노무관리까지 폭 넓은 능력이 요구되기 때문이다.

단 내가 말하는 제너럴리스트란 세상 사람들이 말하는 것과 의미가 다르다. 일반적으로 스페셜리스트는 '좁고 깊게', 제너럴리스트는 '넓고 얕게'라는 의미로 해석되는 것 같은데 그것은 큰 오해다.

제너럴리스트가 되기 위해서는 우선 '한 가지'에 뛰어

난 것이 대전제다. 결국 어떤 분야에서 스페셜리스트가 되어 거기서 얻은 방법론을 다른 분야에도 활용해서 거기서도 스페셜리스트가 된다. 그렇게 해서 처음으로 '넓고 깊게' 본래 의미의 제너럴리스트가 될 수 있다.

'한 가지'에 뛰어나다는 것은 영어도 국어도 빵점이지만, 수학만은 백 점을 받을 수 있는 것과 같은 뜻이다.

내 식으로 말하면 전 과목 평균점은 낮더라도 한 과목에서 백 점을 받을 수 있는 학생이 계속 노력만 한다면 다른 과목에서도 백 점을 받을 수 있다.

그에 비해 전 과목이 항상 60점이나 70점은 받지만 백점을 받을 수 있는 과목이 없는, 곧 '한 가지'도 잘하는 것이 없는 학생은 안됐지만 제너럴리스트가 되기는커녕, 평균점에 머무르고 마는 경우가 허다하다.

잘하는 것과 못하는 것이 확실한 사람
일의 '서랍'은 이렇게 키운다

유능한 상사는 때로 부하가 잘 못하는 일을 일부러 시키고 싶어 한다. "잘 못해요"라며 부하가 꽁무니를 뒤로 뺄

수록 무리해서라도 그 일을 시키고 싶어 한다. 성격이 못된 사람이어서가 아니다. 서투른 일을 시킴으로써 경험을 축적하게 해 업무능력을 높여주기 위해서다. 물론 그 밖에 자신에게 플러스가 된다는 계산도 있다.

따라서 잘하는 일과 못하는 일이 분명히 나뉜 사원은 상사의 처지에서 보면 현재의 능력이 일목요연하게 갈라져 있어 그만큼 경험을 쌓을 기회가 많은 셈이 된다. 따라서 일을 잘할 수 있게 된다.

잘 못하는 일은 그만큼 어려움이 많기 때문에 기어이 꽁무니를 빼고 싶어질 것이다. 다만 우수한 비즈니스맨일수록 제너럴리스트가 될 것을 요구받는다. "잘 못하는 분야이기 때문에 모르겠다"로는 끝나지 않는다. 잘 못하는 일을 지시받았을 때 제너럴리스트가 되기 위한 기회라고 해석해 적극적으로 맡고 나서야 한다.

잘 못하는 일인데도 도전해서 성공한 예가 우리 회사에는 얼마든지 있다. 여기서는 이런 경우도 있다는 한 예로 현 사장 취임 피로연 이야기를 해보자.

파티 기획을 맡은 이가 관리본부 K씨인데 그는 이 일로 머리를 감싸 쥐었다. 처음 해보는 일인 데다가 사람 앞에 나서는 것을 꺼리는 성격이었기 때문이다. 더욱이 그는 외출을 싫어했고 파티라고 할 만한 곳에 간 적이 거의 없었다. 그런 그가 파티 진행 같은 걸 알 턱이 없었다. 그래서 주저한 것이다.

"해보고는 싶지만 잘 못하겠습니다"하고 그만둘 수도 있었다. 그러나 의외로 K씨 입에서 튀어나온 말은 "해보겠습니다"였다.

그러고 나서 K씨는 사내에서 회식부장이라 불리는 동료나 학창시절 친목회를 잘 열던 친구를 찾아내 파티의 하나부터 열까지를 모두 배웠다. 내빈의 축사는 어떻게 하는가, 감사말씀은 어떻게 할까, 신임 사장을 어떻게 소개하면 좋을까, 여흥은, 답례품은, 연출은…. K씨는 문자 그대로 필사적으로 매달렸다.

결과는 예상을 뛰어넘는 멋진 파티가 되었다.

내가 감탄한 것은 K씨가 파티의 상세한 매뉴얼을 만들어 진행에 적용했다는 점이다. 식장의 인원 배치와 역할, 주차 안내법, 손님의 질문에 대한 응답례 등 모든 것을 매뉴얼화해서 파악했다. K씨는 파티 기획이 처음인 데다가 자신이 잘 못하는 일이라고 생각했기 때문에 더 세심하게 주의를 기울여 대처했을 것이다.

여기서 알 수 있듯이 전혀 모르는 일이어도 그것을 처리하는 절차와 비결은 의외로 지금까지 자신이 해온 일과 일치할 때가 많다. 결국 어떤 일이든지 기본은 같다. 그렇기 때문에 더욱 '한 가지'를 잘하는 것이 우선 필요하다.

유행에 아주 민감한 사람
정보를 무기로 쓰는 사람, 잡학으로 끝내는 사람

시대 흐름에 민감한 것은 일을 잘하기 위해 중요한 요소이지만, 그렇다고 해서 그것이 반드시 좋지만은 않다. 정보과다의 시대에는 유행 분야와 질을 잘 골라서 선택하지 않으면 안 된다. 곧 시대 흐름을 자기 것으로 만들기 위해서는 이 취사선택 능력이 뛰어나야 한다. 호리바 제작소의 사원이라면 여고생 패션이 아니라 우선 환경 문제의 변화에 민감하게 반응하는 센서가 요구된다.

다만 유행의 무서움은 이것을 쫓아다니는 동안 그것에 현혹되어 자신의 가치관을 잃어버리고 마는 데 있다. 이것이야말로 주객전도다. 세상 흐름을 읽어 그것을 따라갈 일인지, 반대로 따라가지 않도록 주의해야 하는지를 판단하지 않으면 안 된다. 즉 자신의 일과 시대 흐름을 잘 융합하는 것이 필요하다.

알기 쉽게 말하면 여고생 패션인 '루스삭스(일본 여고생

들 사이에 유행하는 종아리까지 오는 긴 양말 : 역자 주)'를 이해하고, 그것을 일에 어떻게 반영할 것인가 하는 '시점'이다. 이 '시점'이 없으면 시대 흐름을 아는 것은 그냥 잡학에 지나지 않는다.

자화자찬 같지만 호리바 제작소 사원은 시대 흐름에 민감한 사람이 많다. 그것은 우리 회사가 배기가스측정장치 등을 통해 환경 문제에 적극적으로 매달리는 벤처 기업이기 때문이라고 생각한다.

신입사원의 80%정도가 "저는 환경 문제에 어떤 형태로든 관계하고 싶어서 호리바에 취직했습니다"고 지망동기를 밝힌다. 시대 흐름에 민감한 사원이 많은 것이 은근히 자랑스럽다.

시류를 읽는 데 빠른 사람
팔리는 타이밍, 팔리지 않는 타이밍

아무리 좋은 상품일지라도 시류를 타지 않으면 절대 팔리지 않는다.

물건을 파는 데는 타이밍이 있어서 너무 느려도, 너무

빨라도 안 된다. 타이밍이 너무 빨랐다든가 시류를 너무 빨리 읽었다는 등, '선견지명'을 자랑스러운 듯 선전하는 사람이 많이 있는데 이것은 완전히 잘못된 생각이다. 실패는 실패다.

예를 들어 전에 대히트상품이었던 휴대형 게임 다마곳치도 기술적으로 뛰어났기 때문에 팔린 것은 아니다. 시류가 낳은 히트 상품이다.

일본이 가난하고 아이들이 많았던 전쟁 전이라면 분명히 다마곳치는 팔리지 않았을 것이다. 동생들을 돌봐야 하는 처지에서 보면 게임으로 아이를 키운다는 건 진절머리가 날 일인 데다, 살아가기도 빠듯한데 한가롭게 게임이나 할 처지가 아니었을 것이다.

다마곳치에 국한된 것이 아니라, 물건은 시류 덕을 보지 못하는 한 히트하지 못한다. 곧 아이디어를 시류에서 찾아내는 감각, 이것을 가진 사람이 일 잘하는 사람이다.

사실대로 말하면 호리바 제작소 사원은 시류를 잘못 읽는다.

남보다 앞선 최초의 기술을 개발하려는 마음으로, 수요가 있든지 말든지 '호리바가 하지 않으면 누가 하랴'는 식으로 세계 제일의 기술을 목표로 달릴 뿐이다.

그렇게 해서 기술은 개발했지만, 도대체 어디에 사용할

지 모르는 경우가 적지 않다. 시류보다 개발이 너무 빠른 것이다. 이것이 호리바 제작소의 장점이며 자부심이자 단점이다.

기술 개발이 3년 빨랐다, 5년 빨랐다 하는 것은 흔한 일이다. 10년 이상이나 빨랐던 경우도 있다. 탄산가스 레이저 메스용 적외선 파이버를 개발한 예가 그것이다. 세계 최초의 기술이라고 호리바 제작소의 기술진이 해외에서도 높은 평가를 얻어 자부심을 가지던 제품이다.

그러나 세상에 너무 빨리 나온 탓에 수요가 거의 없었다. 레이저 메스가 일반 병원에 보급되지 않았기 때문에 그것을 통하게 하는 파이버를 개발해도 팔릴 리가 없는 것이 당연했다.

수요가 없으면 생산비용도 높아져 점점 더 장사가 안 되는 법이다. 세계 최초라며 아무리 절찬을 받더라도 그것만으로는 장사가 안 된다. 이래서 호리바 제작소는 이 시장에서 물러났다. 레이저 메스가 보급된 것은 그로부터 10년 뒤의 일이었다.

다만 호리바 제작소 사람은 높은 기술력과 자긍심 때문에 시류를 잘 읽지 못하며, 그렇기 때문에 벤처 기업으로서 오늘까지 성장할 수 있었다. 앞으로 과제는 고도의 기술을 활용할 수 있는 제품기획력이라고 생각한다.

고도의 기술과 자긍심에 덧붙여 아이디어를 시대의 흐름 속에서 찾을 수 있는 제품기획력이 갖추어지면 우리 회사의 매출은 두세 배나 높아질 것이 틀림없다.

아이디어가 펑펑 샘솟는 사람
문득 떠오른 착상이 히트 상품으로 바뀌기까지

책상 위 아이디어가 그대로 한 가지 제품이 된다면 누구라도 세계 제일의 대부호가 될 수 있다. 주전자 뚜껑의 구멍처럼 별것 아닌 아이디어라도 특허를 따면 순식간에 큰 부자가 될 수 있는 것이다.

하지만 원리는 그렇다고 해도 세상에 흔하디흔한 발명가 가운데 대부호가 된 사람은 정말 적다. 아이디어가 번뜩이는 것과 그것을 실현하는 것은 전혀 다른 문제다.

회사에서도 마찬가지다. 책상머리에서 아이디어를 생각하는 것은 그리 어렵지 않다. 그대로 실현한다면 얼마든지 히트 상품이 탄생할 것이다. 그러나 아이디어와 그것을 실현하는 것은 다르다.

일찍이 소니의 이부카 마사루(井深大, SONY의 창업자 중

한 명 : 역자 주) 씨는 이런 말을 했다.

"개발에 성공하기까지 든 에너지를 1이라고 하면, 상품 샘플을 만드는 데 그 10배, 그러고 나서 상품화하는 데 100배, 최종적으로 이익이 나오기까지 1,000배의 에너지가 필요하다."

실현할 때까지의 과정을 염두에 두지 않은 아이디어는 최고경영자의 눈으로 보면 그냥 떠오른 생각에 불과하며 단순한 장난이다. 아무리 좋은 아이디어를 내도 그것만으로는 일 잘하는 사람이라고 말할 수 없다.

아이디어에 관해 내가 감탄하는 곳은 장난감업계다.

장난감 아이디어도 물론이고, 그 아이디어를 낮은 가격으로 실현해내는 생산기술에 감탄한다. 무선조정기도 싼 경우에는 8,000엔 정도에 파는데, 만약 우리 회사가 생산한다면 가격이 10만 엔은 될 것이다. 개발기술에서는 지지 않을 자신이 있지만 그것을 싸게 만드는 생산기술면에서는 장난감업계의 수준 높은 노하우에 전혀 적수가 되지 못한다. 이 노하우가 있기 때문에 아이디어가 살아나는 것이다.

아이디어가 끊임없이 샘솟지만 좀처럼 햇빛을 보지 못하는 사람은 개발 비용을 포함해 실현화 과정이 아이디어 속에 들어 있지 않은 경우가 많다.

▍'좋은 생각'이 번뜩이는 사람, 번뜩이지 않는 사람
아이디어를 낳는 최후의 한 방울이란?

 한 번은 화장실에서 신제품 아이디어가 번뜩였던 적이 있다. 노벨상을 수상한 유카와 히데키(湯川秀樹, 중간자 이론을 만들어 일본인 최초로 노벨물리학상을 수상했다 : 역자 주) 박사는 부인을 간병할 때 중간자 이론을 진전시켰다고 한다. 그렇다고 해서 화장실에 들어가거나 병간호를 하기만 하면 아이디어가 번뜩이는 것은 아니다. 그 주제에 대해 계속 생각하다가 문득 튀어나온 곳이 우연히 화장실이나 병실인 것이다.

 번뜩임을 키우기 위해서는 무조건 한 주제에 몰두해야 한다. 생각하고 생각하고 또 깊이 생각하는 것이다. 결론이 나오지 않아도 좋다. 그러는 동안 한순간에 신들린 듯 대답이 번뜩인다. 예를 들어 물방울도 컵을 가득 채우고 나면, 단 한 방울에 물이 넘친다. 그와 마찬가지다.

 번뜩임이 없는 사원에게 나는 볼일이 없다. 우리 회사에서는 쓸모없는 인간이다. 왜냐하면 지금 말했듯이 한 주제에 몰두하다 보면, 반드시 어느 순간 아이디어가 번뜩인다. '번뜩이지 않는 사람'은 '생각하지 않는 사람'이다.

실패를 금방 잊어버리는 사람
'24시간 원 사이클(One Cycle)' 기분 전환법

모든 일을 능수능란하게 잊을 수 있으려면 그 나름의 노력과 훈련이 필요하다. 잊으려는 노력도 하지 않은 채, 실패한 것을 어이없이 금방 까먹는 사람은 그저 멍텅구리일 뿐이다. 기분 전환이 빠르며, 실패로 인한 낙담을 노력으로 잘라버리고, 새로운 기분으로 일에 임할 수 있는 사람은 틀림없이 일 잘하는 사람이다.

우리 회사 간부후보인 D씨는 이른바 '명랑한 사람'이다. 기분 전환이 빠르고 실패해도 낙담하는 모습을 본 적이 없다. 그렇지만 D씨의 말에 의하면 입사했을 시절에는 지나치다 싶을 정도로 안절부절 못하는 사람이었다고 한다.

당시 D씨는 회사 일이 끝나고 집에 돌아가면서 "그때 상사는 내게 이렇게 말했지. '근데 좀 생각해보자구.' 어떤 생각으로 말한 것일까?"하며 그날 생긴 일을 전부 반추했다. 결론은 언제나 "상사가 나를 안 좋게 생각하는 건 아닐까"하는 식으로 비관적이 되어버렸다고 한다.

그래서 실패라도 할 것 같으면, 불면의 밤이 어이질 만큼 몹시 괴로웠다고 한다. 이래서는 일을 잘할 수 없어, 잘할 수 없기 때문에 또다시 안절부절 고민하는 악순환에

빠졌다.

그런 상태에서 어떻게 180도 변신할 수 있었을까?

"내 상사도 실패를 거듭한 끝에 그것을 거름으로 삼아 지금의 자리에 오른 거야. 오늘 일은 오늘로 매듭을 짓고, 내일은 다시 제로에서 새 출발이다."

실패를 계속하며 여러 가지 경험을 쌓아가는 사이, 이렇게 생각할 수 있게 되었기 때문이라고 한다.

그러는 동안 노력의 결과가 일의 성과로 나타나게 되었고, D씨는 점차 자신감이 생겼다. 그리고 실패해도 다음에 만회하면 된다고 고쳐 생각할 수 있는 여유마저 부리게 되었다. 기분 전환도 빨라져 명랑한 사람으로 변신했다.

덧붙여 말하자면 내 기분 전환법은 이렇다.

"24시간을 한 마디 매듭으로 살아간다."

싫은 일은 그날 완전히 끝낸다. 불같이 화가 나도 하룻밤 자고 나면 완전히 잊어버리기로 한다.

그리고 어떤 실패를 해도 "목숨까지 잃는 일은 없겠지" 하며 낙관적으로 생각한다. 심각하게 생각해서 사태가 호전된다면 얼마든지 심각하면 되겠지만, 사태는 장본인의 기분과는 관계가 없다. 그렇다면 심각해지는 만큼 손해다.

비즈니스는 스포츠와 같다. 실점했다면 점수를 넣으면 된다. 실패는 기억에서 지우고, 성공 체험만을 입력하도록 한다. '망각력'은 '기억력'과 마찬가지로 일을 잘하기 위해 중요한 요소다.

상대편 회사의 내부 사정에 밝은 사람
최후에는 이 '플러스알파'가 말한다

비슷한 제품을 전혀 모르는 사람과 당신의 친구가 팔러 왔다면 당신은 어느 쪽 물건을 살까?

말할 것도 없이 친구에게서 살 것이다. 이 '친구'의 입지가 되도록 노력하는 것이 영업자의 자세다.

사용자인 회사의 '친구'가 되기 위해서는 그 회사 안의 인간관계는 물론, 사내에서 힘 있는 자가 누구인지 알아두어야 한다. 영업의 돌파구로 점찍은 상대가 실은 비주류파로 권한이 전혀 없는 경우도 있다. 그래서 상대편 회사의 사내 정보를 파악한 사원은 일을 잘할 자질을 갖춘 셈이다.

내게도 이런 실패담이 있다.

한 번은 의학제품을 개발해 모 대학병원에서 선을 보였는데 X교수가 칭찬해주었다. 기분이 좋아진 나는 그 제품을 이번에는 모 의료법인에 갖고 가기로 했다.

X교수와 그 의료법인의 원장은 동창인 데다가 같은 세대였다. 그 사실을 안 나는 "실은 X교수님께 대단히 칭찬받았습니다"하고 관심을 끌 작정으로 X교수의 이름을 입에 올렸다.

  그런데 원장은 "아, 그래요"하고 차갑게 내뱉더니 휙 자리를 뜨고 말았다. 이런 의외의 결과에 천하의 나도 깜짝 놀라고 말았다. 나중에 알고 보니 X교수와 원장은 같은 학년이지만 견원지간이었다. 그 정보를 갖지 못했던 나는 섣불리 X교수의 이름을 거론했고, 그 바람에 상담을 허탕 치고 말았다. 앞에서 이야기했듯이 제품의 성능에 큰 차이가 없으면 친구, 아는 사람, 친숙한 영업사원 순으로 사는 게 인지상정이다. 비즈니스의 기본은 인간관계일 터인데, 이로 볼 때 상대편 회사의 내부 사정을 파악한 사원이 유리할 것은 말할 필요도 없다.

  이런 정보는 대부분 성심성의껏 일하다 보면 어디서인지 모르게 자연스레 전해져오는 법이다.

시간 쓰기에 능숙한 사람, 능숙하지 못한 사람
하루 일과를 단락단락 나누어 처리하라

나는 일정 관리를 전부 비서에게 맡긴다. 나 혼자서는 파악하기 어렵기 때문이다.

회의, TV방송, 강연, 잡지 인터뷰, 파티, 각종 모임 등… 원해서 그런 건 아니지만 솔직히 바쁘다.

그래서 일정 관리는 비서에게 맡기지만, 시간 쓰는 법에 대해서는 자신이 있다. "용건은 바쁜 사람한테 부탁하라"는 격언은 바쁜 사람일수록 바쁜 나머지 시간 변통이 능숙해 확실히 책임을 다해준다는 의미다.

그래서 시간 사용법에 능숙한 사람은 그만큼 바쁘게 되고, 당연한 일이지만 정보가 모여서 더욱 유능하게 된다.

내 시간 사용법은 결재를 나중으로 미루지 않는 것이다. 무엇이든 반드시 그 자리에서 결재한다. 결재에 관해서는 디지털 인간이다. 그렇게 하지 않으면 갑자기 용건이 쌓여 이러지도 저러지도 못하게 되기 때문이다.

시간 사용법에 능숙한 사람은 전차를 기다리는 사이나 전차에서 내릴 때까지, 혹은 회의가 시작되기 전까지 등, 하루 중 행동의 단락을 정해 제각각 매듭을 지으며 처리한다. 이렇게 하면 시간 변통이 잘된다.

이에 비해 시간을 잘 못 쓰는 사람은 대개 시간이 남아돌 때가 많다. 생각하는 시간이 너무 긴 것이다. 생각하면 할수록 망설이게 되고 결국 결론을 내지 못하게 된다.

　나는 원고를 빨리 쓰는 편이지만 아는 사람 가운데는, 편집자에게서 "마감까지 며칠이나 있었는데도 이것밖에 못 썼습니까?"하고 어처구니 없어하는 소리를 듣는 사람도 있다. 오히려 시간 여유가 있다고 이것저것 고민하다가 결국 글을 쓰지 못한 것이다.

　여담이지만, 나는 교토와 도쿄를 왕복하는 신칸센 승차 시간을 원고쓰기에 충당한다. 편도 두 시간 거리이기 때문에 에세이나 신문 칼럼 등 짧은 원고를 쓰거나 교정하기에 딱 알맞은 시간이다. 그러기위해 신칸센 좌석은 노조미(도쿄-하카타 사이를 달리는 신칸센으로 정차역이 적어 목적지에 닿는 시간이 적게 걸린다. : 역자 주)가 아니라 히카리(신칸센의 한 종류로 정차역이 많아 시간이 많이 걸린다. : 역자 주)를 이용한다. 기존 2층형 열차의 2층 자리가 가장 덜 흔들려서 원고를 쓰기에는 안성맞춤이기 때문이다. 노조미는 빠른 대신 너무 흔들려서 원고를 쓰기에는 알맞지 않다.

　단 히카리는 도중에 노조미에게 뒤쳐질 때가 있다. 이럴 때 기분이 상당히 안 좋기 때문에 같은 히카리에 타더라도 노조미가 출발한 바로 뒤에 타려고 한다.

언제나 상사의 평가에 신경 쓰는 사람
50으로 끝날 일에 100의 힘을 쓰지 마라

일을 잘하는 사원인가, 못하는 사원인가. 당신의 능력을 처음으로 판단하는 것은 직속 상사이다. 옆 부서의 장도 아니고 사장도 아니다. 바꿔 말하면 자신의 상사에게 유능한 부하라고 평가받는 것이 사내에서 평가받기 위한 첫 관문이 된다.

따라서 상사가 자신에게 무엇을 기대하는지 늘 그 마음을 읽으려는 사람은 '일 잘하는 사람'으로 평가받을 조건을 갖추었다고 해도 좋다.

그러면 상사의 마음을 읽는다는 것은 구체적으로 어떤 것일까?

예를 들어 내가 부하에게 자료 준비를 명령했다고 하자. 부하는 지시 받은 자료 외에 관련 자료를 첨부해서 갖고 왔다. 나는 이것에 만족했는데, 이것은 부하가 그때 내 마음, 다시 말해 '지금 지시한 일은 120%의 결과를 원한다'

는 마음을 읽었기 때문에 가능한 일이다.

상사의 마음을 읽는다는 것은 자신이 지시받은 일의 기대도가 50%인가, 100%인가, 120%인가 하는 마켓 리서치를 뜻한다.

어떤 일에서 50%의 결과 밖에 요구되지 않는데도 100%의 결과를 추구하는 것은 시간 낭비다. 반대로 120%를 원할 경우에는 100% 결과로도 상사는 불만이다. 결국 일에는 절대평가가 없고 상사의 마음, 곧 기대도라는 '모호한 평가'로 유능한가 무능한가가 결정된다. 상사의 마음을 읽을 수 없는 사람은 그 한 가지만으로도 평가받지 못한다고 단정 지어도 좋을 것이다.

자기 적성을 정한 사람
자기 실패, 자기 성과를 어떻게 표현할 것인가

호리바 제작소에는 '자기신고제도(커뮤니케이션 시트)'라는 것이 있다. 여기에 상사가 매기는 근무평정을 참고하여 보너스나 승급을 결정하는데, 이 제도의 또 다른 목적은 스스로 자신의 적성을 객관적으로 평가하는 데 있다.

막연히 일하는 게 아니라 지금의 일이 자신에게 맞는지, 자신의 적성은 무엇인지를 생각해 장래의 지침으로 삼는 것이다.

참고로 호리바 제작소의 자기신고제도와 근무평정의 개요를 소개해두자. 덧붙여 말하자면 우리 회사에서 자기신고는 매년 3월 1회 한다.

커뮤니케이션 시트는 우선 이 1년간 자신이 한 일과 목표의 달성도를 쓴다. 다음에 협조성, 적극성, 실행력 등에서 잘한 항목과 잘 못한 항목을 고른다. 그리고 앞으로 하고 싶은 일과 옮기고 싶은 부서 등을 전부 쓴다.

근무평정은 보너스 때와 승급 때 각각 한다. 상사가 평가표에 기입하는데, 우리 회사는 독특하게 플러스 평가 외에는 쓰지 않는다.

부하가 어떤 일을 했는지, 성과는 어땠는지, 어떤 공헌을 했는지 등 플러스 부분만을 들며, 어떤 실패를 했어도 그것은 쓰지 않는다. 가점법(加点法)이다. 실패를 기반으로 해 얼마나 성공했는지가 중요한 것이다.

이렇게 해서 각각의 상사가 작성한 근무평정은 본부마다 평가자회의에 부쳐진다. 예를 들어 홍보실, 비서실, 총무인사부, 경리부 등은 관리본부에 속하는데, 관리본부에 속한 모든 부서의 책임자가 평가자로 출석한다. 그리고 그들이 평가표에 기초해 관리본부의 직원 전체를 평가한다.

이 경우 부서는 관계없다. 홍보실의 평가자가 총무부를 평가하는가 하면, 총무부의 평가자가 경리부를 평가하기도 한다. 객관적 평가라는 면에서 이 방법은 정말 훌륭하다고 자부한다.

예를 들어 총무부의 평가자가 홍보실의 평가자에게 "이 사람은 좀더 높이 평가해도 좋지 않겠습니까? 왜냐하면…"하고 홍보실의 평가자가 생각지도 못한 면을 지적할 수도 있다.

이처럼 호리바 제작소에서는 여러 가지 관점으로 사원의 적성을 생각해 평가를 내리려 한다. 특히 사원의 적성은 기업의 운명을 좌우할지도 모를 만큼 중요하다.

한 기업이 여기까지 비용과 노력을 들여서 회사 차원에서 필사적으로 매달린다는 것을 안다면, 자신의 적성을 아는 것이 얼마나 중요한 문제인지 알 수 있을 것이다.

쉽게 뜨거워지고 쉽게 식는 사람
'맥주 마시는 감각'으로 일해보라

일부러 노력하면서까지 일하는 사람은 잘못되었다.

왜냐하면 일을 위해서 죽도록 노력해야 한다면 그것은 천직이라고 말할 수 없기 때문이다. 놀 때를 떠올려보면 된다.

"나는 지금 생맥주 집에서 맥주잔을 기울이기 위해 노력해."

이렇게 말하는 사람은 아마 한 명도 없을 것이다.

노력이란 의무의 다른 얼굴이다. 그래서 일 잘하는 사람은 노력하지 않는다. 일에 몰두해서 즐겁게 일하기 때문에 노력을 할 필요가 없다. 역설 같지만, 본래 일이란 그래야 한다고 생각한다.

지금 하는 일에 열중하지 못하고 시간만 보내다가 엉덩이나 두드리는 상태라면 선택해야 할 길은 세 가지 중 하나다. 회사를 그만두든지, 의식개혁을 해서 일에서 열중할 뭔가를 찾든지, 타성에 젖은 채로 이 상태를 유지해야 한다.

무엇을 선택할지는 각자의 인생관에 달렸지만, 세 번째 길은 본인이나 회사 모두에게 비극임에 틀림없다.

거꾸로 열중하는 대상이 이것저것 바뀌는 사람은 쉽게

질려버리는 유형이라고 평가받지만, 나는 그것도 괜찮다고 생각한다. 이것저것 바꾸려면 어떻게 할지를 고민해야 하기 때문에 집중할 수밖에 없다. 곧, 한 가지 일에 열중할 수 있는 것 자체가 대단한 일이다. 열중할 수 있는 사람은 천직을 만났을 때 대단한 역량을 발휘한다.

여자사원들에게 인기 있는 사람
인기 없는 남자는 얼굴이 아니라 머리가 나쁘다

이성에게 인기 있는 것은 일 잘하는 사람의 절대조건이다. 농담이 아니라 여자사원에게 호감을 얻지 못하는 사람이라면 위기감을 가지는 게 좋다. 여자사원에게 인기 있다는 것은 술집에서 인기가 있는 것과 다르기 때문이다. 좋은 분위기를 갖출 뿐만 아니라 신뢰감을 주지 않으면 안 된다.

매일매일 일로 얽힌 만큼 멋있기만 한 남자여서는 안 된다. '저 사람 밑에서 일해보고 싶다'는 생각이 들 만한 매력이 필요하다.

그러면 여자사원에게 인기를 모을 수 있는 매력을 어떻

게 하면 몸에 익힐 수 있을까?

  당연하지만 우선 일에 유능해야 한다. 다음으로는 인격인데, 자신에게 엄격하고 타인에게 관대한 자세가 필요하다. 최근에는 뭐든지 남의 탓으로 돌리는 풍조가 있는데, 그러지 않고 자신에게 엄격한, 금욕적인 삶의 자세를 지키는 사람에게 여자사원은 인간으로서 존경심을 느끼게 된다고 한다.

  여자사원에게 인기가 있다는 의미는 '이성에게 인기 있다'는 속된 뜻이 아니라, 존경이라는 좀더 높은 수준에서 찾아야 한다. 환영회, 환송회에서 노래를 멋지게 불러 여자사원들에게 갈채 받는 것과는 전혀 다르다.

a good worker
not a good worker

a good worker
not a good worker

3

이런 노력을 하는 사람

균형감각은 양극단의 것을 동시에 가지는 것을 뜻한다. 긴 봉으로 균형을 잡으면서 줄 위를 건너는 서커스의 줄타기를 연상해보자. 이때는 아무것도 없이 서 있을 때 균형 잡기가 더 어렵고 위험하다. 그때 긴 봉 양쪽의 무게가 무거우면 무거울수록 균형 잡기가 쉽다.

일 잘하는 사람 일 못하는 사람

손윗사람과 사귀는 사람
일류가 실천하는 '사람 사귀기 철칙'

일류가 되고 싶으면 일류인 사람과 사귀도록 하라.

이것이 성장하기 위한 철칙이다.

단 그것은 자신도 덩달아 으쓱 올라간 기분을 느끼기 위해서가 아니다. 일류와 만나면서 그 사람이 왜 일류가 되었을까를 생각하고, 그의 좋은 점을 흡수해 그것을 자기 양식으로 삼는다는 데 의미가 있다.

단지 으쓱한 기분을 느끼고 싶어서 일류인 사람과 사귄다는 것은, 바꿔 말해 그 사람의 노여움을 사면 그 자리에서 그만 기가 죽어버리는 것을 뜻한다. 자신의 두 다리로 서서 실력을 갖고 성장해가는 것이 중요하다. 일류와 사귀는 것도 그렇게 하기 위한 공부의 하나다.

회사원인 경우 회사 밖에서 일류를 만날 기회는 그렇게 많지 않다. 따라서 직장 선배나 상사 가운데 일류를 찾는다. '이 사람'이라고 생각한 상사나 선배와 만날 기회를 갖는 데 신경 쓰는 것이 좋다. 그렇다고 비굴하게 접근하는 것이 아니라, 당당하게 의견을 제시하기도 하고 질문을 하기도 하면서 일의 연장선상에서 접근해갈 일이다.

아부하기 위한 일시적인 마음이 아니라 인생에 대해서 뭔가 배우려고 하는 진지한 자세로 윗사람과 사귀려는 사람은 언젠가는 그런 자세가 일에서도 반드시 좋은 결과로 이어질 것이 틀림없다.

다시 말할 필요도 없겠지만, 상사에게 붙어서 파벌의 힘으로 성장하려는 것은 이미 시대에 뒤떨어진 낡은 생각이다. '이왕 기대려면 그늘이 큰 나무'의 시대는 이제 '일단 기대면 큰 그늘 때문에 컴컴해지는 나무'의 시대가 되어버린 것이다.

누구보다 빨리 출근하는 사람
하루 단위가 아니라 시간 단위로 일하라

나는 사원의 출근 시간에는 흥미가 없다.

호리바 제작소는 아침 8시 30분부터 저녁 5시 15분까지가 근무 시간이다. 그래서 8시 30분에 늦지 않게 출근하면 된다. 당연한 일이다.

물론 아침 일찍 나오고 싶은 사람은 그렇게 하면 된다. 중요한 점은 무엇을 위해 아침 일찍 회사에 나오는가 하는 거다.

이른 아침에 회사도 조용하고 능률이 올라서라면 그것도 좋은 방법일 것이다. 혹은 모두가 나오기 전에 정리해 두고 싶은 일이 있다든지, 오전 중에 열리는 회의를 위해 자료를 준비하기 위해서일지도 모른다. 어느 쪽이든 상관없이 아침 일찍 회사에 나오는 것은 그만한 이유가 있을 게 틀림없다.

용건도 없는데 누구보다 먼저 회사에 나와 다른 사람보다 늦게 퇴근하는 것을 자랑 삼는다면 그것은 헛수고다. 이런 쓸데없는 노력을 하는 사람이 일을 잘할 리가 없다. 일을 시작하는 시간과 마치는 시간은 정해져 있기 때문에 그 시간에 맞춰서 일자는 것이 내 기본 생각이다.

단, 아침 일찍 회사에 나오는 사원은 확실히 회사에 이바지하는 듯한 인상을 준다.

그것은 나도 부정하지 않는다. 출근 시간에 임박해서 뛰어 들어오는 사원보다는 분명히 평가할 만하지만, 그것뿐이다. 회사에 필요한 사원은 빨리 출근하는 사람이 아니라 일을 잘해내는 사람이다.

이 본질을 뒤바꿔 생각하는 사람은 아무리 힘들여 아침

일찍 출근해도 절대로 일을 잘하지 못한다.

근무 형태는 지금 통신 네트워크의 발달로 통근근무에서 재택근무로 크게 바뀌는 추세다.

또 변동시간근무제가 도입되어 출근 시간이 빠르다는 이유로 회사에 이바지한다고 자부하는 퍼포먼스는 차츰 통용되지 않게 될 것이다.

이제부터는 본업 승부의 시대다. 얼마나 유효하게 시간을 사용하는가가 일을 잘하는지 못하는지 결정하는 잣대가 될 것이다. 왜냐하면 하루 24시간이라는 '시간'이 모든 사원에게 공통인 이상 시간당 생산성이 앞으로 승부의 관건이 되기 때문이다.

특별히 눈에 띄는 실수가 없는 사람
항상 양극단의 가치관을 가져라

"자신이 40대였을 때와 지금의 40대 사원을 비교하면 제일 다른 점은 무엇이라고 생각하십니까?"

최근 이런 질문을 자주 받는다. 내가 40대였을 때는 마침 배기가스측정기를 완성하여 바야흐로 회사도 이제부터 시작이라고 할 시기였다. 게다가 오사카와 교토의 증권거래소에 상장하고, 미국과 유럽 등지에 자회사를 설립하는 등 동분서주하며, 너무나 바쁜 시기였다.

그때의 나와 지금의 40대 사원을 비교하면 무엇이 가장 다를까?

가장 다른 점은 지금의 40대는 너무나 위험 부담을 안 지 않으려고 한다는 점이다. 이것이 전부다.

뭐든지 무난하게 처리하려고 한다.

내가 벤처 기업 경영자이고, 그들이 한 기업의 종업원인 점을 감안하더라도 이 차이는 확연하다.

여기서 말하는 '위험 부담을 지지 않는다' 는 것은 이른바 리스크 매니지먼트(위기관리)가 아니다. 결국 위험을 최소한으로 줄이기 위해 이런저런 방책을 강구하는 것이 아니라, 스스로 위험을 지지 않기 위해서 처음부터 위험한 곳에는 접근하지 않는 것뿐이다.

이런 식으로는 새로운 것이 탄생할 리가 없다. 게다가 그들은 자신의 그런 결점을 거의 모른다. 오히려 그것을 '균형감각' 으로 여겨 때때로 자신의 장점이라고 생각하기 조차 한다.

이 '균형감각' 이라는 말처럼 자주 사용되면서도 오해받고 있는 말도 드물다. 내가 말하는 '균형감각' 은 균형이

잡히면 된다는 뜻이 아니라, 양극단을 동시에 가지는 것을 뜻한다.

예를 들면 서커스의 줄타기를 연상해보자.

잘 알다시피 자신을 야지로베(평균대 원리를 이용해 균형을 잡는 인형 : 역자 주)로 가정하고, 긴 봉으로 균형을 잡으면서 줄 위를 건너는 기술이다. 이때는 아무것도 없이 서 있을 때 균형 잡기가 더 어렵고 위험하다. 그때 긴 봉 양쪽의 무게가 무거우면 무거울수록 균형 잡기가 쉽다.

비즈니스도 그와 마찬가지로 양극단의 가치관을 동시에 가진 사람일수록 '균형감각'이 뛰어나다고 말할 수 있다.

그러기는커녕 항상 한가운데만 서 있는 사람은 사실 아주 불안정한 상태이기 때문에, 늘 어느 쪽으로 굴러 떨어질지 모르는 위험 속에 서 있는 것이다.

책을 자주 읽는 사람
책방에 가면 빈손으로 돌아오지 마라

언젠가 한때 속독술이 유행한 적이 있다.

네 시간 걸려 읽을 책을 두 시간에 읽으면 같은 시간에 두 권을 읽을 수 있기 때문이다. 그러나 한 해에 발간되는 책이 5만 종을 넘는 현대사회에서는 읽는 속도가 조금 빠르다고 해도 특별한 의미를 얻지 못하게끔 되지 않았나 싶다.

결국 읽는 속도보다도 책의 대홍수 속에서 목표로 하는 책을 어떻게 찾을 것인가 하는 '책 선별법'이 중요하게 된 것은 아닐까?

나는 시간이 없을 때 서점에서 제목과 차례를 대충 훑고 마음에 들면 일단 사둔다. 요즘에는 책이 서점에 진열되는 시간이 짧아서 나중에는 손에 넣기가 어렵기 때문이다. 또 서평을 보고 사는 일도 적지 않다.

그렇게 선별해서 산 책은 한 달에 10여 권 정도지만, 그 가운데 통독할 가치가 있는 것은 겨우 두세 권이기 때문에 책 선별의 타율은 좋아도 3할 정도다.

시간 여유가 있을 때는 흥미가 있는 장을 서서 읽어본다. 이것만으로도 저자의 '맛'이 느껴지기 때문이다. 책의 좋고 나쁨을 보는 것은 예를 들어 레스토랑에서 요리 맛을 판별할 때와 같다. 코스 전부를 먹어보지 않아도, 어느 한 접시의 소스를 찍어 먹어봐서 맛있다고 느끼면 나중에 나오는 요리도 틀림없이 맛있다.

책도 마찬가지라 자신이 잘 아는 분야라든지, 아니면 흥미가 있는 장을 읽어보면 그 책이 맛있을지 어떨지 알 수 있다.

거꾸로 말하면 자신이 잘하는 분야가 없는 사람은 어느 책을 읽으면 좋을지 그조차 모르는 꼴이 된다. 그만큼 정보에 대한 센서가 둔하기 때문에 책방에 가도 빈손으로 돌아온다. 그런 사람이 어느 정도 일을 잘할 수 있을지는 보지 않고도 대충 알 수 있다.

일전에 한 인터뷰에서 독서법과 책 고르는 법에 대해 사원교육을 하는지 질문을 받았다.

기자는 내가 저서를 몇 권 갖고 있기 때문에 뭔가 특별한 사원연수라도 하지 않을까 생각한 모양이지만, 그런 어리석은 짓은 절대로 하지 않는다.

어떻게 하면 자신이 찾는 책과 만날까, 지금 손에 든 책이 돈 내고 살만한 것인지 아닌지는 자신이 판단하는 것이다. 나는 대개 이래라저래라 세세하게 가르치는 걸 아주 싫어한다. 일에서도 한 번 기본을 가르치면 두 번 다시는 가르치지 않는다. 그것이 사회다.

이야기가 좀 옆길로 샜지만, 책을 잘 고르는 사람이 왜 일을 잘하는지 이해했으리라고 생각한다.

견실하게 꾸준히 노력하는 사람
필사의 노력은 절대로 무용지물이 되지 않는다

일본은 세계 유수의 부자 나라다.

금융기관이 파산하거나 실업률이 전후 최고가 되었다고 하더라도 의연하게 경제대국인 사실은 변하지 않는다. 너무 높은 기대치만 갖지 않는다면, 그리고 직종을 고르지 않고 일하면 굶어 죽는 일은 없다. 흉악범이 늘었다고 해도 치안율은 구미와 비교가 되지 않을 정도로 높다. 좁혀 말하면 일본은 평화를 누리고 있다.

물론 평화가 나쁘다는 말은 절대 아니다.

대단히 멋진 것이라고 생각한다. 그렇지만 평화가 계속되는 바람에 이 나라에는 '필사의 노력'이 결핍된 듯이 느껴진다.

정리해고의 대상으로 여기지는 중장년층은 그렇다 치더라도, 젊은 사원이라면 태평스럽게 일해도 비록 출세는 하지 못할지언정 그 대신 밥은 먹을 수 있다. 그래서 '필사의 노력' 따위가 필요하지 않다.

그렇지만 그런 시대이기 때문에 더욱 '필사의 노력'을 꾸준히 계속 할 수 있는 사원은 성장한다. '끈질기게 계속하면 언젠가는 힘이 된다'는 말은 이미 옛날 말이 되었지만

이 말이 가진 의미를 지금 다시 한 번 생각해주면 좋겠다.

군대가 있던 시절에 군사교련을 시작으로 우리는 노력을 강요받았다. 그러나 평화로운 현대 사회에 강요란 없다. 강요가 없는 시대이기 때문에 스스로 목적을 설정해서 필사의 노력을 하는 사원은 삶의 자세로서도 정말 훌륭하다고 생각한다.

노력 그 자체는 평가의 대상이 되지 않지만, 쓸데없는 노력이란 절대 없다. 토끼의 달리기에 저 멀리 뒤처진 거북이도 열심히 걷는 한 언젠가는 목적지에 도달하게 된다.

음지에서 노력하는 사람
가끔은 미덕을 버리는 용기가 필요하다

그늘 밑에 있는 사원은 결국 그늘 밑에 있는 채 끝난다. 아무리 중요한 위치라고 하더라도 그늘 밑에 있는 한 햇빛을 볼 일은 절대 없을 것이다.

'음지에서 노력하는 사람'을 일부에서는 미덕으로 보지만, 그것은 보답이 거의 없는 데서 노력했기 때문에 미덕이다. 살아가는 방법으로는 멋질지 모르지만, 조금이라도 일을 잘하려고 한다면 음지에서는 절대 불가능하다.

좋은 예가 정리해고다.

당신이 인사 담당자라고 하자. 정리해고 후보 두 명의 업무능력은 비슷하다. A는 자기주장이 강하고 시끄러운 반면, B는 얌전하고 과묵해서 불평불만도 하지 않고 자기 책임을 다한다. 당신이라면 어느 쪽의 어깨를 두드릴 것인가? 대부분 B의 어깨를 두드릴 것이다.

이유는 두드리기 쉽다는 데 있다. 회사에서 필요한 것은 B이지만, B라는 개성이 필요한 것이 아니라, '음지에서 노력하는 사람'으로서 충실하게 역할을 다할 사람이 필요할 뿐이다. 그래서 마찬가지로 묵묵히 '음지에서 노력하는 사람' 역할을 철저히 해줄 수 있다면 어느 누구라도 괜찮다. 비정한 것 같지만 그것이 회사다.

앞으로는 자기주장의 시대다.

본격적으로 국경 없는 사회를 맞이한 지금 서구의 비즈니스맨과 어깨를 나란히 하기 위해서는 '모난 돌'이 되어야 하고, 나아가 '너무 모난 돌'이 되지 않으면 안 된다. '음지에서 노력하는 사람'으로 부족한대로 만족한 채 이것으로 충분하다고 생각하는 사원은 '일을 잘하는 사람'이기는커녕 어깨가 두들겨지기를 기다릴 각오를 해야 한다.

상사의 마음을 읽으려는 사람
치면 울리는 것은 당연지사, 치기 전에 소리 내는 사람이 돼라

일이나 회식이 끝나고 집에 돌아갈 때 나는 혼자서 생선 초밥집에 불쑥 들어갈 때가 있다. 익숙한 단골집 요리사는 정말 눈썰미가 좋다.

내가 바에 앉아 차가운 맥주로 시원하게 목을 축이는 순간 절묘한 타이밍으로 "사장님, 물 좋은 생선이 들어왔는데요"하고 기세 좋게 말을 걸어온다. 나도 생각할 것 없이 "그걸로 줘요"하고 대답하고 만다.

솜씨 좋은 요리사는 손님의 마음을 읽는다. 손님이 원하는 걸 읽는다. 아니, 손님 자신도 몰랐던 잠재된 욕구를 꺼내 읽고는, "당신이 원하는 것은 이것이 아닙니까"하고 눈앞에서 꺼내 보여준다.

"사장님, 물 좋은 생선이 들어왔는데요" 그 말이 잠재된 욕구를 자극하고, 그러면 마음속에서 "그래, 이게 먹고 싶었어"하고 알아듣게 된다. 게다가 그는 배가 고파서 가게에 왔는지, 뭔가 맛이 진한 음식을 먹고 싶은지 손님의 얼굴을 본 순간 모든 걸 알아차린다.

그것이 가능할 때 쓸 만한 요리사가 된다.

사원도 마찬가지다. 일 잘하는 사람은 상사의 마음을 읽

는다. 아니 그보다 읽으려고 노력한다.

'치면 울린다'는 말이 있지만 내 식대로 말하면 '치면 울리는 것'은 당연하고, '치기 전에 소리 내라'고 말하고 싶다.

회의에 가는 상사가 "자료는 어떻게 됐어?" 하고 물을 때 서둘러 준비하겠습니다고 대답하는 사람은 일 못하는 사원이다. 지금 "준비하는 중입니다"는 대답은 보통 수준, "준비해두었습니다"고 대답해야 쓸 만한 사원이다. 이것이 '치면 울리는 부하'다.

그렇지만 '치기 전에 소리 내는 부하'는 상사가 묻기 전에 제출하는 것은 물론, 회의에서 필요하다고 생각되는 부수를 복사해둔다. 손님의 마음을 읽고 먼저 재료를 내미는 요리사처럼 상사의 잠재된 요구를 한발 먼저 읽는 것이다.

시간에 신경 쓰며 일하는 사람
일의 속도를 2.5배 빠르게 하는 방법

우리 회사 신입사원 두 사람이 DM을 발송하도록 지시받았다. 한 사람이 하루 1,000통씩, 합계 2만 통의 작업이었다. 전용 봉투에 편지를 넣어 셀로판테이프로 붙이는 간단한 일이었다.

그러나 하기 싫다는 생각으로 하니 순조로울 리가 없었다.

첫날은 여덟 시간이 걸렸다. 이틀째가 되어 한 사람이 "찔끔찔끔 해도 결국은 끝내야만 하는 일이니까, 오늘은 작업속도를 20% 올려서 해보자"고 제안했다. 여섯 시간 안에 마치도록 하자는 것이다. 결국 예정대로 끝마칠 수 있었다.

"내일은 다섯 시간에 끝내는 게 어때?"

"좋아."

그 사이 이 작업에 새로운 '기록을 향한 도전'이라는 재미가 붙기 시작한 것이다.

네 시간 반까지 시간이 단축되었을 때 한 사람이 제안했다.

"한 시간당 어느 쪽이 많이 처리하는지 내기할까?"

진 쪽이 저녁을 사기로 했고, 이 일로 작업이 더 재미있어졌다고 한다. "자, 시~작!"을 신호로 필사적으로 일하는 사이 점점 요령을 터득해서 작업속도는 맨 처음 속도의 2.5배까지 올랐다고 한다.

작업시간은 본인이 하려는 의지에 따라 얼마든지 짧아

질 수 있다는 것을 두 신입사원은 몸으로 배운 것이다.

이 두 사람처럼 작업시간을 단축하기 위해서는, 언제나 즐거운 마음으로 자기 일에 대해 궁리할 필요가 있다. 그럴 수 있는 사람이 성장한다는 건 불을 보듯 뻔한 일이다.

쉬는 시간에도 공부하는 사람
재미와 즐거움을 기준으로 판단하라

자격시험 공부든, 어학 학습이든 공부하고 싶다면 하면 된다.

단 자신의 경쟁상대가 영어학원에 다닌다고 해서 그에 대항하기 위해 공부해서는 안 된다. 동기에 주체성이 없기 때문이다. 주체성 없는 사람이 이을 잘할 리 없다.

재미있기 때문에 공부하고 재미없기 때문에 그만둔다. 동기는 이처럼 단순 명쾌하게 마련이다.

공부든 일이든 놀이든 스스로 생각하여 실행하려는 주체성이 없으면 즐겁지도 않고 실력이 늘지도 않는다.

나는 와인전문가 자격증을 따고 싶다.

일과는 전혀 관계가 없다. 와인전문가의 교양을 갖추고

와인을 마신다면 더욱 즐거울 터라서 그렇다. 이 와인은 산지가 어디고, 밭은 어디며, 올해는 포도가 풍작인데, 1년이 지나면 이렇게나 맛이 달라진다니 등등… 가지고 있는 지식까지 다 음미하며 마신다면 훨씬 더 즐거워 질 게 틀림없다.

클래식 음악을 듣더라도 익숙해지지 않은 동안은 그저 졸릴 뿐이지만, 지식이 몸에 붙으면 이만큼 멋지고 즐거운 것이 없다고 생각하게 된다. 즐거워질수록 점점 더 빨려 들어간다. 이 호순환(好循環)이 자리 잡혀, 어느 순간 정신을 차리고 보면 보통 사람 이상의 음악지식을 지니게 된 걸 발견한다.

공부도 그와 같은 이치다.

모처럼 쉬는 시간에 놀지도 못하면서 공부하려는 계기가 경쟁상대인 동료가 공부하기 때문이라면 의미가 없다. 단순히 시간 낭비일 뿐이다. 무엇보다 '재미있고 즐겁지' 않으면 자기 것이 되지 않기 때문이다.

인맥 만들기에 동분서주하는 사람
인맥이 풍부한 사람의 공통적인 매력

어느 파티장에서나 명함을 잔뜩 들고 다니며 명함 교환에 동분서주 뛰어다니는 사람이 있다. 나중에 회사에서, 교환한 명함을 동료들에게 잔뜩 과시하며 ○○철강의 A전무를 안다든지, △△상사의 B부장을 안다는 둥 인맥이 얼마나 넓은지를 자랑하기 위해서다.

이것은 일반 사원에 국한된 이야기가 아니다.

경영자 가운데도 "얼마 전에 ◇◇장관과 만났는데…"하고 쓸데없이 정치가의 이름을 들먹이는 사람이 적지 않다. 실제로는 단둘이 만난 것이 아니라 사람들로 넘치는 파티에 같이 참석한 것인데 어느 새인가 "◇◇장관하고 만났어"가 되어버린다.

결론부터 말하면 이런 '면회형 인맥 만들기'에 부심하는 사람은 인맥을 일에 활용하는 일을 잘 못한다.

파티장에서 명함을 교환하기 바쁜 사람은 대개 인맥을 잘못 이해하고 있다.

인맥은 조바심으로 안절부절 못하며 만드는 것이 아니라, 상대가 다가와서 생기는 것이다. "그 사람과 이야기해 보면 즐거워" "이상한 놈이지만, 친구가 되어두지 않으면 손해야" 등 이유는 여러 가지겠지만, 그 사람의 인간다운 매력과 능력을 보고 사람들이 모여드는 것이다. 이것이 바로 인맥이다.

인맥을 비즈니스에 활용하는 이상 이해관계가 많이 개입한다. 서로 이득이 있다고 생각할 때 비로소 '맥'으로 연결된다. 자신도 상대를 고르지만, 상대도 자신을 저울질하는 것이다.

말하자면 자신에게도 상대가 보고 사귈 가치가 있는 인간이라고 평가할 만한 매력이 필요하다. 명함을 교환했다고 해서 인맥이 된다고 생각하면 큰 오산이다. 그러면 단순히 '만난 적 있는 사람'이 될 뿐이다.

멋진 인맥을 만들고 싶으면 자신도 멋진 사람이 되도록 노력하라. 자신을 갈고 닦아 인간다운 매력으로 남에게 인상을 남길 수 있는 사람이 되면, 자연히 사람이 모이고 인맥은 저절로 생기게 마련이다.

정보 수집에 열심인 사람
싼 게 비지떡이다

나는 공짜로 정보를 얻으려는 사람을 '정보도둑'이라고 부른다. 정보에 가격표가 붙지는 않지만, 비즈니스에 잘 활용하면 돈의 근원이 된다. 돈을 쓰지 않고 정보를 모으려는 사람을 '도둑'이라고 하는 이유가 여기에 있다. 도둑이 회사 안에서 보란 듯이 성장한다면 세상 말세일 것이다.

정보를 얻기 위해서는 대가를 치러야 한다. 아니, 대가가 필요한 정보여야만 한다고 말해야 할까?

"싼 게 비지떡이다."

무상으로, 게다가 손에 넣기 쉬운 정보는 대개 잡동사니라고 해도 틀린 말이 아니다.

그럼 어떤 대가를 치를까? 돈도 좋지만 일개 비즈니스맨으로서는 무리다. 그 점에서 나는 정보는 정보로 사기를 권장한다. 물물교환처럼 정보를 제공하는 것이다. 그러면 상대도 교환하기에 걸맞은 정보를 제공해주기 마련이다.

따라서 좋은 정보를 수집하기 위해서는 우선 열성적인 정보제공자가 돼라. 스파이 작전 같은 건 필요 없다. 우선 신문, 잡지, 텔레비전, 전문지 등 열린 정보에 눈길을 두는 것으로 시작한다. 다만 무심히 읽지 말고, 평상시 공부로 키워진 문제의식이라는 여과지로 정성껏 통과시켜 본다.

예를 들면 환경 문제 기사라면 지구 환경에 관한 지식과 문제의식이 있는 경우, 기사 이면에 있는 '숨은 정보'를 자기 나름대로 읽어낸다. 처음에는 이런 생생한 정보가 아니라 2차 정보, 나아가 그것을 바탕으로 한 가설이어도 괜찮다.

이 정보들을 상대에게 전달해 평가와 신용을 얻으면 그에 걸맞은 정보 교환이 시작된다. 이런 사람이야말로 진정한 의미에서 정보 수집에 정성을 들이는 사람으로 평가받을 수 있다. 그리고 이런 식으로 끊임없이 노력하는 사람이 회사에서 성장한다.

a good worker
not a good worker

4

이런 습관이 있는 사람

최고경영자는 회사 업무 전부를 시야에 둔 제너럴리스트이고, 부하는 각 분야에 정통한 스페셜리스트이다. 그 스페셜리스트가 최고경영자와 같은 발상이나 의견을 가진다면 그 사람은 한마디로 말해 필요 없는 존재다. 최고경영자와 같은 것밖에 생각하지 못하는 '복제인간'에게 월급을 주는 것은 아까울 뿐이다. 성장하고 싶다면 담당 분야에서 적어도 사장보다는 정통한 게 당연하다.

일 잘하는 사람 일 못하는 사람

정열을 철저히 억누르는 사람
누구에게도 반대 의견이 없을 때

　경영을 하면서 '만약'이라는 말은 금물이다. 그러나 잘 알면서도 "만약 그때 사원들이 나를 더 강하게 설득해주었더라면"하고 생각할 때가 적지 않다.

　기업의 성공담 뒤에는 그보다 훨씬 많은 최고경영자의 판단 실수가 있었다고 해도 틀리지 않다.

　다음에 소개하는 내 실패담도 그런 예의 하나로 읽어주면 좋겠다.

　이미 소개한 바대로 자동차 배기가스측정기 개발에 성공해 이 기계가 팔리기 시작할 무렵의 이야기다. 배기가스측정기로는 기초 데이터를 얻을 수 있지만, 이것을 근거로 엔진의 성능을 평가하기 위해서는 복잡한 계산처리가 필요하다.

　사원들은 컴퓨터 시스템 개발을 허락해달라고 내게 제안해왔다. 마침 컴퓨터 시대가 열리기 시작할 때였고 기술자인 나로서도 흥미가 있었기 때문에 개발팀을 편성했다.

그런데 컴퓨터 사업을 검토해보니 하드웨어와 소프트웨어 개발에 막대한 자금이 필요했다. 호리바 제작소의 체력으로는 목숨을 거는 일이나 마찬가지여서 덜컥 겁이 났다. 결국 계산처리는 컴퓨터 전문회사에 맡기고 호리바 제작소는 기초 데이터를 제공하는 선에서 멈춰야 한다고 판단했다.

개발팀은 기술자들인 만큼 중지 명령에 불만이 있었을 텐데 그렇게 강력하게 저항하지는 않았다. 당시 마쓰시타조차 컴퓨터에서 손을 뗀 시기였던 것을 생각한다면 개발 부대가 순순히 내 명령을 받아들인 것도 당연했다. 결국 이 프로젝트는 손해만 수억 엔 내고 끝났다.

그런데 시대가 나아감에 따라 기초 데이터 제공만으로는 비즈니스를 할 수 없게 되었다. 고객의 요구를 만족시키기 위해서는 데이터 제공에서 분석, 나아가 통신에 이르기까지 일관된 시스템이 필요하게 된 것이다. 게다가 측정 부분보다 해석 부분(컴퓨터) 쪽이 시스템으로서도 비중이 커졌다. 결국 컴퓨터 시스템을 갖지 않으면, 호리바 제작소는 불만이 있어도 울며 겨자 먹기로 컴퓨터 회사의 하청을 받는 처지가 되어야 했다.

이런 형편에서 결국 우리 회사는 어울리지 않는 비용을 지출해가면서 미국의 컴퓨터 시스템 회사를 사게 되었다.

단 "만약 그때…" 개발부대가 어떻게든 진행하게 해달라고 졸랐다면 어떻게 됐을까. 회사는 역시 비상사태를 맞았을지도 모르지만, 컴퓨터 기술은 확실하게 진보했을 게 틀림없다. 일부러 힘들게 미국 회사까지 사들일 필요는 없었을 것이다.

물론 그때 컴퓨터 개발부대가 경영책임자인 내 명령에 따른 것은 기업 경영면에서 보면 당연하다. 그게 조직이다.

그렇지만 다른 한편으로 "만약 그때…"하는 마음도 솔직히 있다. 권한이나 명령계통에 상관없이 정열로 힘차게 밀어붙이는 사원 또한 기업에서는 꼭 필요한 사람이다.

10정도 이야기를 12로 부풀리는 사람
능력 있는 매가 발톱을 자랑한다

미국의 비즈니스맨은 10쯤 되는 공적을 20 정도로 떠들어댄다. 내가 미국의 자회사에 가면 사원들이 일제히 달려와 입을 열기 바쁘게 자기를 선전한다.

"전에 회장님이 돌아가신 뒤 저는 이런 대단한 성적을 올렸습니다."

이와는 달리 일본인 주재사원은 "회장님, 죄송합니다. 제가 부족해서 별로 성적을 올리지 못해서…"라며 거꾸로 사과한다.

그래서 조사해보면 호들갑스럽게 자신을 선전하는 미국 사원일수록 실제로는 별로 대단치 않은 일을 한 경우가 많다. 정말 '허풍쟁이'인 것이다. 일본인 사원은 말과는 반대로 확실히 성적을 올리고 있다. 20인 공훈을 10으로 보고한 것이다.

겸양의 미덕이라고 할지 모르겠지만, 앞으로 국경 없는 경쟁사회에서는 이들 '허풍쟁이'들과 어깨를 나란히 하며 승부해야 한다.

'겸양'은 일본 사회에서만 통하는 지역적인 문화로, 세계 표준의 미덕이 아님을 알아야 한다. 10의 이야기를 20이라고 말할 필요는 없지만, 적어도 20% 정도는 올려서 12라고 선전할 필요는 있다.

앞으로 올 시대에는 어필을 잘하는 사람이 성장한다. 영업 일선에 나가서 "이 기계는 성능이 그저 그렇지만, 열심히 만들었으니 사주세요"라고 한다면 과연 팔리겠는가. "솔직한 것만으로도 됐어!" 하고 감격하는 것은 드라마의 세계이고, 현실 세계에서는 하나도 팔리지 않는다.

거짓말은 논외로 치더라도 상대가 10인 이야기를 12 정도로 느끼는 것은 어필을 잘하느냐 못하느냐에 달렸다. 자신을 어떻게 어필하느냐가 일 잘하는 사람과 못하는 사람을 나누는 구분점이다.

미국 비즈니스계에서는 능력이 10인 사람이 15라고 말해 파는 것에 대해 관대하다. 자신을 돋보이기 위해 노력하는 것은 당연하기 때문이다. 그런데 실제로는 15인 능력이 있으면서도 8뿐이라고 낮추어 말하는 사람은 불신을 부른다.

왜냐하면 자신을 비하하는 행동이 너무 부자연스럽기 때문이다. 일본에서는 일부러 8이라고 겸손하게 말하고 실제로 15라는 걸 나중에 알게 되면 그 이상으로 평가받는 경우가 적지 않다. 그렇지만 그건 어디까지나 지역문화이고, 국제수준은 능력 있는 매가 발톱을 자랑하는 것이다.

자기 일과 남의 일을 구별하는 사람
성장하지 못하는 까닭

전에 미국에서 전시회를 열었을 때 일이다. 트럭이 예상보다 늦게 전시장에 도착하는 바람에 우리 회사 사원들이 짐 내리는 걸 도우려고 했다. 그런데 대기하던 현지의 작업원들이 "노(No)!"라고 말하며 거부했다. "이것은 우리 일이니 당신들이 손대는 것은 월권행위요"라는 게 그 이유였다.

트럭 운전사는 물건을 운송하고 현장의 작업원들은 물건을 날라줄 뿐, 그리고 전시회장 디스플레이는 또 다른 사람들 등, 이처럼 작업 분담이 세세하게 나뉘어 있었다. 각각 불가침의 영역이었기 때문에, 다른 사람들이 맘대로 손대는 것은 일을 빼앗는 월권행위였다.

계약위반이 된다고 하는 바람에 우리는 돕지도 못하고 얼마 안 남은 시간 때문에 안절부절 못하면서 방관할 수밖에 없었는데, 늦게 도착한 운전사는 그저 태평하게 담배만 피울 뿐 도우려고도 하지 않았다. 만약 일본이었다면 운전사는 도착하기 바쁘게 운전석에서 뛰어내려 도왔을텐데하고 생각하면서 어처구니없어할 뿐이었다.

한편 미국 공항에서 이런 일이 있었다. 기내에 맡긴 물건이 아무리 기다려도 안 나오기에 항공사 카운터에 가서 물으니 "그것은 클레임계 담당입니다"라며 상대해주지 않았다.

화가 치미는 것을 꾹 참고 클레임계에 가서 사정 이야기를 하며 항의하려 하자 "나는 클레임을 접수하는 것이 일입니다. 항의하려면 본사 담당자에게 이야기하세요"라고 태연히 대답했다.

이때 나는 두 번 다시 이 항공사를 이용하지 않겠다고 결심했다. 섹셔널리즘(지역주의, 파벌주의. 여기서는 자기가 맡은 역할만 고집함을 말한다. : 역자 주)마음 고집했기 때문에 이 회사는 고객 한 명을 확실히 잃었다.

일본식 경영과 미국식 경영을 비교하면, 일본식 경영은 일상생활의 가사를 가정부 한 사람이 처리하는 '총괄형'이고, 미국식 경영은 가정부 대신에 문명의 이기가 각각의 역할을 다하는 '분담형'이라고 할 수 있다.

가정부가 청소, 세탁, 취사, 잡무 등 모든 것을 자기 재량으로 처리하는 데 비해 문명의 이기는 예를 들면 세탁기는 세탁만, 전기밥솥은 밥만 짓고, 청소기는 청소만 하는 것으로 확실히 역할이 나뉘어 있다.

세탁기에게 밥 지으라고 부탁해도 대답은 당연히 '노!'다. 문명의 이기는 편리하지만 응용이 안 되는 만큼 불편하다고도 말할 수 있다.

회사도 마찬가지다.

나뿐만 아니라 일본 기업의 최고경영자는 사원에게 '가정부' 이기를 요구한다. 그래서 '자기 일'과 '남의 일'을 확실히 구분 짓는 사람은 절대 좋은 평가를 얻을 수 없다.

역할 분담만을 고집하는 사람은 '나무만 보고 숲을 보지 못하는 사람'이다. 자기가 맡은 일이 아무리 순조로워도 회사가 전력을 기울이는 일에 이자를 보태기는커녕 본전까지 날리는 존재라는 것을 제대로 이해하지 못하는 사람이다. 회사라는 '대전제'가 있고, 개인의 역할이 존재하는 것이다.

▌아침형 인간, 밤형 인간
하루 중 가장 집중할 수 있는 두 시간을 어떻게 사용할까

일본 경영자 중에는 먼동이 트기 전에 벌써 일어나서 사원보다 일찍 회사에 나오는 사람이 적지 않은 것 같다.

그러나 일찍 일어나서 조금이라도 득이 된 것은 전기가 없었던 옛날이야기이고, 현대 비즈니스에서는 일찍 일어나는 것 자체에 별 의미가 없다. 아침에 강한 사람은 일찍 일어나서 일하면 되고, 밤에 강한 사람은 밤에 하면 된다. 그뿐이다.

미국의 엘리트 비즈니스맨이 아침 일찍 일어난다고 해서 '일 잘하는 사람은 대개 아침에 강한 경우가 많다'고 정의하는 것은 속단이다.

덧붙여 말하자면 나는 매일 아침 6시 30분경에 일어나지만, 회사에 가기 전에 신문을 읽기도 하고 차를 마시기도 하고 화장실에 가기도 하면서 빈둥빈둥 보낼 때가 많다. 아침 일찍 일어나서 씩씩하게 출근하는 미국 엘리트 사원과는 완전히 다르지만 결코 '무능'한 경영자는 아니라고 자부한다.

흥이 나서 밤늦게까지 일했을 때는 당연히 다음날 아침에 늦게 일어난다. 혹은 아침 일찍 일어나서 비몽사몽간에 일의 아이디어가 번뜩이며 튀어나올 때도 있다.

따라서 '아침형' '저녁형'이라고 구별하기보다는 하루 중 집중할 수 있는 시간을 얼마나 가지는가가 중요하다. 나는 두 시간만 집중해도 아주 잘했다고 생각한다.

하루의 일을 프랑스 요리의 코스 메뉴라고 봐도 좋을 것이다.

갑자기 '집중'이라는 메인 요리가 나오지는 않는다. 우선 전채 요리나 수프, 이어서 생선 요리가 나와서 위가 준비됐을 때 비로소 메인 요리가 등장한다. 그리고 요리를 즐긴 뒤 마지막으로 디저트가 나온다.

바꿔 말하면 하루 중에 지금 어떤 요리를 먹고 있는지를 점검하는 것도 중요한 일이다. 전채 요리일까, 아니면 수프일까, 그리고 이제부터 '집중'이라는 메인 요리에 들어

가는지, 혹은 별로 의식하지 않은 채 어느새 메인 요리가 지나가버리고 디저트를 먹고 있는지. 그런 식으로 오늘 하루를 돌아보아 얼마만큼 집중하는 시간을 가졌는가? 반성한다.

이런 일을 매일 계속하면 한 가지 경향을 알아차리게 될 것이다. 자신은 '아침형'인가, '오후형'인가, '저녁형'인가. 집중하는 방법은 '짧은 시간 피크(peak)형'인가 긴 시간 '플랫(flat)형'인가 하는 것이다.

이제 자신의 경향을 알았다면 집중력이 정점에 이르렀을 때 중요 한건을 기획해보자. 그러면 일이 좀더 효율적이고 멋지게 될 것이다. 자신의 집중 시간을 아는 것은 일 잘하는 사람의 필수조건이라고도 할 수 있다.

접대 받는 걸 좋아하는 사람
대접받았으면 반드시 되갚아라

나는 술자리에서 장사 이야기는 절대 하지 않는다.

호리바 제품을 사주기를 바라는 마음은 내가 일부러 말하지 않아도 상대가 백배 천배 더 잘 알기 때문이다. 장삿

속을 드러내는 사람은 그만큼 촌뜨기다.

그러면 술자리에서 무슨 이야기를 하면 좋을까?

넓은 의미에서 철학!

인생관이기도 하고, 꿈이기도 하고, 노는 이야기이기도 하고, 여행이기도 하고, 취미이기도 하다. 살아가는 모든 테마를 이야기한다. 왜냐하면 어떤 일보다도 자신이라는 인간을 더 잘 알리는 것이 장사와 연결되기 때문이다.

반대로 거래처에서 초대받았을 때는 어떨까?

일 잘하는 사람은 기본적으로 접대 받지 않는다.

상대는 제품을 사주기를 바라기 때문에 일부러 접대해주고 기분을 맞춰주는 것이다. 접대의 표적이 되는 관료처럼 공짜 술이나 마시고 싶어 하는 사람은 별도로 하더라도, 어쨌든 이해타산이 섞인 거짓 웃음을 흘리는 접대는 의미가 없다. 일 잘하는 사원은 접대 받은 것이 거래처에 빚을 만들어, 결국 일에 마이너스가 되고 만다는 것을 충분히 터득하고 있다.

그런데 접대에서 의외로 간과되는 것이 '비용' 문제다. 접대비용이 어떤 형태로든 제품가격을 상승시킨다. 그렇지 않으면 돈을 쓸 리가 없지 않을까.

예를 들어 어떤 부서가 접대에 2만 엔을 사용했다면 나는 이렇게 말한다.

"2만 엔 정도 접대했으니까 원가를 제대로 챙겨."

결국 접대를 받고 그 회사에서 상품을 구입하면 접대를 받은 쪽이 접대비를 고스란히 내는 꼴이 된다. 상대의 호의로 접대 받는다고 생각하면 큰 오산이다.

그렇지만 사실 세상일은 한 가지 잣대로만 잴 수 없다. 여러 가지 사정으로 어쩔 수 없이 접대를 받는 경우도 있다. 그럴 때는 반드시 갚아서 빚을 만들지 않도록 해두는 것이 중요하다. 접대를 받으면 그 청구서는 어떤 형태로든 자신에게 되돌아오기 때문이다.

점심을 간단히 때우는 사람
'점심시간이 되면 점심을 먹는다'는 발상을 버려라

점심시간은 어느 정도가 좋을까. 이것은 시비를 가릴 만한 논제는 아니다. 점심시간을 논하는 것 자체가 무의미하다.

일에 흥이 났을 때라면 점심 먹을 시간도 아까울 테고, 반대로 일이 별로 만족스럽게 진척되지 않을 경우라면 점심을 천천히 먹으면서 기분을 전환하는 것도 좋을 것이다.

자기가 하는 일의 현재 상태를 중심으로 생각하면 좋을 것이다.

일이 순풍에 돛단 듯이 진행될 때 점심시간이라는 이유로 일을 중단하면 다시 시작하는 데 많은 에너지를 소모한다. 이것은 쓸데없는 에너지 소모로, 이런 융통성 없는 사원이 일을 잘할 리가 없다.

이와 같은 사고방식인데, 예를 들어 라디오 체조가 있다.

오후 세 시가 되면 사무실에 음악이 흘러나오고, 전 사원이 각자의 일터에서 이에 맞춰 라디오 체조를 시작하는 회사가 있다. 회사로서는 한숨 돌리는 것으로 능률이 오를 것을 기대하겠지만, 이것은 '전근대적인 벨트 컨베이어식 발상'이다.

확실히 단순작업이라면 그런 휴식이 좋을지 모르지만, 최근의 지적 노동에는 그렇지 않다. 언제 일이 최고조에 이를지 누구도 모르기 때문이다.

휴식이라는 것은 제각각 일의 진척 상황과 피로의 정도에 따라 취하면 그만이다. 피로가 쌓여서 마침 쉬고 싶었던 사원에게는 좋겠지만, 이제 막 일이 신나게 진행되려고 하는 사원이나, 지금 일의 능률이 최고조에 이른 사원이 있다. 그들에게는 이 라디오 체조 시간이 귀찮은 방해꾼이기만 하다. 나는 강제 휴식은 백해무익하다고 생각한다.

앞으로 올 시대는 거꾸로다. 점심시간뿐만 아니라 변동 근무시간제를 도입하여 출근 시간도 자유롭게 선택할 수 있다. 컴퓨터가 보급됨으로써 출근할 필요조차 없어질지도 모른다.

그런 시대에 점심시간을 빨리 끝내고 일을 시작하는 게 좋은가 나쁜가를 이야기하는 것은 동해고속도로를 가마 타고 여행하는 것 같은 시대착오적인 일이다.

어떻게 하면 일의 능률을 높이고 성과를 올릴 수 있을까. 이 하나로 모든 일을 생각해 판단하고 행동할 수 있는 사람이야말로 일 잘하는 사람으로 평가받을 수 있다.

스스로 분위기 메이커라고 생각하는 사람
10분 정도는 연기할 수 있는 사람이 돼라

분위기 메이커는 회사로서는 아주 중요한 존재다.

이런 말을 하면 이외라고 생각하는 사람도 있을지 모르겠다. 그러나 다소 일을 못하더라도 그 사람이 있는 것만으로 조직의 사기가 높아지기 때문에 그 사람을 회사에 도움이 되는 사람이라고 말할 수 있다.

게다가 그런 사람은 주위 사람들에게서 사랑받는다.

이거다 싶은 능력이 없는 사원이라도 상사에게 사랑받는 사이 자연히 성장하는 일도 적지 않다. 그래서 사람에 따라서는 자기 스타일을 분위기 메이커로 일관하는 것도 성장을 위한 한 가지 방법이다.

분위기 메이커가 되기 위해서 '명랑한 사람'일 필요는 없다. '재치 있는 사람'이면 된다.

실제로 자잘한 일까지 마음에 두고 신경을 잘 쓰는 사람이 분위기 메이커가 되는 예는 수없이 많다. 신경이 예민한 만큼 주변 분위기를 빨리 알아차리고, 임기응변을 발휘해 직장 분위기를 밝게 띄울 수 있다.

다만 아무리 임기응변을 발휘한다고 해도 성격이 어두운 사람이라면 좀 어려울 것이다. 어설프게 행동하다가는 반대로 직장의 사기를 떨어뜨리고 말지도 모른다. 역시 성격이 어두운 사람은 어디를 가도 융통성이 없다.

그렇기 때문은 아니지만, 호리바 제작소에서는 채용시험 때 성격이 밝은지 어두운지에 큰 비중을 둔다.

"겨우 10분, 20분으로 사람 성격을 어떻게 알겠어?"

이렇게 생각하는 사람도 있겠지만, 자신의 일생을 결정할 만한 중요한 면접에서 '밝고 시원한 사람'을 연기할 수 없다면 역시 곤란하다. '재치 있는 사람'이라면 누구라도 이 정도 연기는 틀림없이 할 수 있다.

우리 회사의 채용시험은 우선 서류심사를 하고 그 뒤에 회사 설명회를 여는데, 이때 각 부서 담당자가 집단면접을 하는 형식이다. 이 집단면접에서 수험자들로 하여금 서로 토론하게 하여 자신을 어필할 수 있는 능력이 얼마나 있는지를 본다.

여담이지만 최근 잡지 인터뷰 같은 데서 이런 질문을 자주 받는다.

"젊은 연예인이나 스포츠 선수 가운데 호리바 제작소 사원이 되면 재미있을 것 같다고 생각되는 사람이 있습니까?"

질문이 의도하는 바를 모르지는 않지만, 내게는 번지수가 크게 틀린 질문이라 여겨진다. 그런 생각을 한 적이 있을 리가 만무하다.

비즈니스계는 연예계나 스포츠계와 그 세계가 너무나 다르다. 프로야구계의 홈런타자가 호리바 제작소에 입사한다면, 그와 동시에 그 귀중한 재능이 쓸모없어지고 말 뿐이라는 것은 불을 보듯 뻔한 일이다.

언제나 남의 시선에 신경 쓴 사람
무대에서 연기하는 명배우가 될 수 있는가?

비즈니스맨은 '회사'라는 '무대'에서 연기하는 '배우'다. 따라서 남의 시선과 평가에 무척 신경 써야 한다. 배우가 관객의 반을 의식하면서 연기하듯이 일 잘하는 사람은 항상 주위의 반응에 주의한다.

덧붙여서 경영자는 '감독의 견지'에서 배우를 어떻게 하면 능숙하게 연기시켜 이익을 얻을 것인가를 생각한다. 무대(회사), 배우(사원), 감독(경영자)의 3박자가 모두 갖추어졌을 때 처음으로 멋진 작품, 곧 비즈니스가 가능하다.

다만 그렇다고 해서 필요 이상으로 타인의 시선에 신경을 쓰는 것은 마이너스다. 작은 실패에도 "상사는 나를 무능하다고 생각할 게 틀림없어"라고 생각하여 속으로 고민한다고 치자. 이렇게 소심하고 신경이 너무 예민한 사람은 우선 안 된다. 자멸하고 만다.

따라서 주위 시선과 평가가 무엇보다도 중요하지만, 자기 스스로 완전히 극중 인물의 역할을 훌륭히 소화해내면 그곳에 실패라는 건 없다. 어떻게 하면 감독이 그리는 인물에 가깝게 연기하느냐가 성패의 핵심이 된다.

그리고 명배우라면 감독의 예상을 넘어선 연기를 한다.

눈물을 자아내는 장면이라면 더 슬프게, 웃기는 장면이라면 더 우습게 연기해 보인다. 멋진 작품은 이렇게 해서 탄생하는 것이다.

어떤 때라도 마이 페이스인 사람
미남에게는 미남, 악역에게는 악역의 연기가 있다

'마이 페이스'를 가지지 못한 사원은 성장하지 못한다.

굼벵이처럼 느려 터졌던 사람이 갑자기 일을 시원하게 척척 해내기 시작하거나, 그와는 정반대가 되는 경우가 있다. 그때그때 기분에 따라 페이스가 변하는 사원은 경영자 쪽에서 보면 아주 골치 아픈 존재다.

왜냐하면 앞에서 말한 것처럼 사원은 '배우'이고, 경영자는 '감독'이기 때문이다. 감독은 배우의 성격이나 연기력에 따라 연출을 하는데, 배우가 그때마다 연기를 일관성 없이 바꾼다면 연극은 엉망진창이 될 것이다. 미남역은 미남역, 악역은 악역, 서투른 연기자는 서투른 대로 오케이! 적재적소에 배치하여 쓰는 것이 감독의 수완이다. 무가 갑자기 홍당무가 됐다가, 우엉이 되기도 하면 곤란하다.

단 '마이 페이스'라는 말에는 두 가지 의미가 있다.

자신의 가치관에 따라 자기 페이스를 유지한다는 의미와 또 하는 천하태평, 그저 세월아 네월아 가라는 식으로 쉽게 흘려보낸다고 하는 의미다.

전자는 전 프로야구 선수로 자이언츠 팀에 속했던 에가와 스구루(江川卓)같은 사람이다. 그는 야구선수는 개인사업주이고, 구단에서 일생을 보장받기를 기대하는 것은 잘못됐다는 확고한 인생관을 가졌다. 팀을 위해 자신을 다 바치는 것을 거절하고 마이 페이스로 공을 던졌다.

일본인의 마음으로는 자신을 다 던져서 불태우는 사람을 좋아하고, 마이 페이스인 사람인 경우는 까딱 잘못하면 곧잘 비난받는데, 내 생각은 전혀 다르다. 자신의 가치관에 따라 자기 페이스를 일관되게 유지하기 위해서는 감독과 동료를 충분히 이해시킬 만한 자기의 능력과 실적이 필요하기 때문이다.

그리고 후자, '케세라세라' 식의 태평주의적인 마이 페이스에 대해서는 논할 필요도 없다. 이 유형은 단지 자신의 능력이 페이스를 따라가지 못하는 것에 불과하기 때문이다. 무엇보다 이런 사람은 '페이스'를 갖고 있지 않다. '무(無) 페이스'라고 하는 편이 나을지도 모르겠다.

마이 페이스라는 말은 그리 좋은 의미로 사용되지 않지

만, 세상 사람들이 마이 페이스에 대해 갖는 인상은 실은 페이스가 없는 무 페이스 인간을 가리킨다.

뭔가 있으면 바로 회의를 여는 사람
왜 회의는 1/4밖에 의미가 없을까

회사 회의의 4분의 3은 사실 불필요한 것이다.

일반적으로 회의라고 불리는 것의 내용은 단순 보고회이자 일방적인 의견을 전달하는 장이다. 내가 몸으로 느낀 결과, 본래 의미인 토론(discussion)이 이루어지는 회의는 기껏해야 전체의 4분의 1이다.

그러면 불필요한데도 왜 회의가 열리는가? 결국은 사원들이 책임을 공유하기 위해서다. 뭔가 문제가 발생했을 때 "모두 함께 정한 것이잖아!" 하고 발뺌하기 위한 알리바이 만들기라고 해도 좋다.

그래서 뭔가 있으면 금방 회의를 열고 싶어하는 사람은 그 안건에는 자신이 없어 책임을 회피하려고 하는 겁쟁이라 할 것이다. 이런 사람이 그럴듯한 일을 멋지게 해낼 리 없다.

또 회의 자리에는 필요도 없는데 부하를 끌고 들어오는 사람도 똑같다. 예를 들어 부장급 회의를 하는 데 일부러 "우리 담당 과장이 참석하도록 해주십시오"하고 부탁하는 사람이 있다. 이런 부장은 회의에서 결정한 사항을 착오 없이 부하 과장에게 전달해 정확히 지시할 자신이 없는 것이다.

부장급 회의를 할 때는 자신의 부서에 돌아가 부원들에게 꺼내기 힘든 내용도 많이 나온다. 그 때문에 실무 담당 과장을 동석케 해 직접 회의 내용을 들려주고, 자신이 전달해줘야 하는 부담을 덜려고 하는 데 지나지 않는다.

그러나 미국의 회의는 이와 정반대다.

예를 들어 내가 미국에 가서 관련 회사의 담당 사업 부장을 모아서 회의를 할 때 일이다.

"일부러 일본에서 내가 왔으니 여러분들이 믿는 과장급도 부르면 어떨까요?"

나의 이 제안에 모두들 결사반대했다.

"그 회의에는 나 외에는 참석할 자격이 없어."

"회장님 말씀은 나밖에 듣지 못한다."

이런 뜻이 저변에 깔려 있었던 것이다. 이렇게 '나만이 출석할 수 있다'고 하는 말 속에는 그것이 자신의 지위라는 확고한 견해가 도사리고 있다.

만약 조회처럼 열린 곳이라면 내가 평사원들에게 솔직하고 허물없이 이야기를 해도 눈살을 찌푸리지는 않을 것이다. 하지만 앞으로 개발전략을 어떻게 할지 하는 따위 중요 안건을 말한다고 치면 금세 "왜 제 부하 앞에서 말씀하십니까. 그 이야기는 저만 들어야 합니다. 회장님은 저를 신뢰하지 않으십니까?"하면서 강하게 항의해온다.

같은 회의라도 일본과 미국에서는 생각하는 방법이 완전히 다른 것이다.

비즈니스 풍토가 다르기 때문에 어느 쪽이 옳은지 한마디로 말할 수 없다. 그렇지만 일본에서도 미국에서도 "빨간 신호등도 모두 함께 건너면 무섭지 않아"와 같은 태도로 뭔가 있으면 금방 회의를 열고 싶어하는 사람은 '덜 성숙한 사원'이라는 점만은 공통인 것 같다.

그 자리를 원만하게 수습하려는 사람
당신은 반대 의견에 어떻게 대처하는가?

회의에서 가장 중요한 순간은 반대 의견이 나왔을 때다. '화합을 이루기 위해서 존중한다'는 처세술에 따르면

"그렇군, 당신 의견도 일리가 있어"하며 의견을 모두 보태 둘로 나누는 식으로 싸움을 피하려고 한다. 침을 튀겨가며 격렬하게 논의하는 사람보다는, 반대 의견을 쓱 받아들여 마치 이야기에서 빠뜨린 부분을 분별해내는 것처럼 보이는 쪽이 현명하며 일 잘하는 사람으로 보인다.

그러나 이것은 오해다.

금방 타협점을 찾으려고 하는 사람은 안 된다.

반대 의견은 아무리 정중하게 말하더라도 자리에 함께 있는 상사 앞에서 "네 의견을 틀렸어"하고 당신에게 정면으로 도전해오는 것이다. 가만히 입 다물고 있는 것은 논외이지만, 여기서 타협점을 찾으려는 발언을 한다면 상사가 보기에 너무 일찍 백기를 든, 기대할 수 없는 부하의 꼴이 되고 만다.

회의에서 자신과 반대되는 의견이 나오면 철저하게 싸워야 한다. 이기는 게 최고다. 그러나 져도 상관없다. "저 녀석은 꽤 심지가 굳어"하는 인상을 주위 사람들에게 심어 주었으면 그것으로 됐다. 반대 의견이 나오면 기회라고 여기고 즐거워할 일이다.

덧붙여 호리바 제작소의 중요 회의로는 임원회의 외에도 그보다 한 단계 밑인 총괄부장회의, 그리고 연구개발에 관계되는 개발회의가 있다. 총괄부장회의와 개발회의는 달마다 한 번씩 열리고, 그 밖에 각 부서별 회의가 열린다.

그 중에서 특히 개발회의에서는 아이디어를 자유로이 내놓는 것을 비롯해 전원이 거침없이 발언한다. 회사를 유지하는 재료를 만드는 회의이니 당연하다.

회의는 '싸우는 장'이다.

반대 의견에 부딪쳐 동료에게 발목을 잡힐 것인가, 자신의 의견과 퍼포먼스가 주위의 공감을 불러일으켜 통과될 것인가 하는 힘 싸움이다.

그러기위해서는 사전에 회의 흐름을 예상해서 '전법(戰法)'을 시뮬레이션해둘 필요가 있다. 그리고 반대 의견이 나오면 이때다 하고 반격하는 것이다. 잘못되어도 회의를 무난하게 정리하려는 생각은 할 필요가 없다.

남이 말하는 것을 금방 부정하는 사람
대안 없는 반대는 생트집이다!

회의 때 자신이 먼저 나서서 도화선에 불을 지피지도 않는 주제에, 남이 말하면 반드시 참견해 물고 늘어지는 사람이 있다. 이처럼 남의 의견에 대한 갑론을박 외에는 입도

뻥긋 못하는 사람은 우선 일을 잘할 수 없다고 봐도 좋다.

상대방의 의견에 맞장구만 친다면 또 모르지만, 비판만 하는 것에 대해 "그럼, 어떻게 하면 좋지?"하고 다그쳐 물으면 침묵으로 일관하는 사람도 있다. 이 경우는 최악이다.

남의 발언이나 아이디어를 부정하는 것 자체는 좋지만, 부정한다면 그 근거와 대안을 명확히 해야만 한다. 반대하는 이상 그 나름대로 이유가 있어야지 대안도 없는 반대는 생트집에 불과하다.

반대로 최고경영자의 의견에 뭐든지 "지당하신 말씀입니다"하고 고개를 끄덕이는 사원도 안 된다.

왜냐하면 최고경영자는 회사 업무 전부를 시야에 둔 제너럴리스트이고, 부하는 각 분야에 정통한 스페셜리스트이기 때문이다. 그 스페셜리스트가 최고경영자와 같은 발상이나 의견을 가진다면 그 사람은 한마디로 말해 필요 없는 존재다. 최고경영자와 같은 것밖에 생각하지 못하는 '복제인간'에게 월급을 주는 것은 아까울 뿐이다.

최고경영자에게는 스페셜리스트의 의견이 필요하다.

그것도 예상을 완전히 뛰어넘는, 스페셜리스트의 참신한 의견을 기대한다. 사원으로서 성장하고 싶다면 자신의 담당 분야에 전문가여야 한다. 적어도 사장보다는 정통한 게 당연하다.

만장일치로 결론을 내리려는 사람
자기 결론을 갖고 회의에 임하는가

"서로 의견을 내서 모두 함께 결론을 생각해봅시다."

이런 식으로 회의를 해서는 우선 이야기를 정리할 수 없다. 회의에서 뭔가 결론을 내리려 한다면 '중앙집권적'인 방식을 취하는 수밖에 없다. 이런 방식에는 의장 혹은 회의에서 리더 노릇을 하는 사람이 결론을 정해두고, 그 결론이 옳은지 그른지를 회의에서 확인하는 방법이 최고다.

자신의 결론은 회의에서 여러 의견을 듣고서 그것이 옳다고 확인되면 밀고 나가기로 한다. 반대로 다른 쪽의 의견이 옳다고 생각한다면 원안은 완전히 깃발을 내리도록 한다. 단 상대가 뭔가를 이야기 꺼내기 바쁘게 그것을 처음부터 하나하나 검토하지 말고, 항상 자신의 의견을 명확히 하고 난 뒤에 상대방의 이야기를 듣도록 한다.

어느 쪽이든 자신의 결론을 갖고 회의에 임하는 사람은 회의의 의미를 충분히 이해한다는 뜻에서 '일 잘하는 사람'이다. 그냥 잡담회나 브레인스토밍과, 결론을 내기 위한 회의는 완전히 다르다.

▎허황된 꿈을 꾸는 사람
판매 목표를 달성한 경우, 달성하지 못한 경우

'현실'이 '뜻'을 넘어서면 안 된다. 이것은 내 신념이다.

'현실'이 '뜻'을 초월한다는 것은 단순히 말하면 '뜻'이 너무 낮다는 것에 불과하다. 그런 사람일수록 큰일을 해낼 리가 없다.

좀더 알기 쉽게 말하면, 과장으로 발탁되고 나서 "설마 내가"하고 기뻐하는 사람이면 곤란하다. "이번에는 부장이 돼야지" 할 정도의 야심을 품고 그 과정의 한 단계로서 과장이 되었다고 생각해야 한다.

혹은 1억 엔 매상을 목표로 했는데 매상고를 1억 5,000만 엔 달성했다고 하자. 기뻐하기만 하면 안 된다. '현실'이 '뜻'을 너무 넘어서버렸기 때문이다. 매상 목표를 1억 엔으로 설정했다는 것 자체가 꿈이 너무 작지 않았는가 하고 반성해야만 한다.

'뜻'이라는 목표를 낮게 설정할수록 '현실'은 항상 목표를 넘어서게 된다. 허들을 낮게 했기에 누구든 넘을 수 있는 것이다. 그래서 '뜻'이 낮은 사람이 일을 잘할 리가 없다고 말하는 것이다.

우선 처음부터 늘 뜻이 있을 것. 그것도 높은 꿈일수록 좋다. "Boys be ambitious!"

"뜻밖에도 이번에 사장으로 임명되었습니다."

취임식에서 이렇게 인사하는 사장이 있다. '뜻밖에도 사장'이 된 듯한 사람이 이끄는 회사에 어떤 운명이 기다리겠는가?

마찬가지로 '뜻밖에도 계장, 과장으로 승진했다'고 기뻐하는 사원은 그 앞길이 만만치 않다는 것을 명심해야 한다.

독단으로 일을 진행하는 사람
'안 되는 이유'가 아니라 '되는 이유'를 생각하라

독단, 대단히 좋다. 특히 회사에 플러스가 되려는 신념과 실패했을 때 책임도 질 각오라면 그렇게 해야만 한다.

우리 회사는 물론 많은 일본 기업이, 사원이 독단으로 일을 진행해서 성장해온 것 같다.

"뭐야, 이런 걸 만든다고! 멍청하게!"

내가 불같이 화를 내도 본인은 무슨 수를 써서라도 하고 싶은 테마가 있을 수 있다. 그럴 때는 몰래 연구를 계속해 "회장님, 완성했습니다"고 당당하게 보고해온다. 앞서 이야기했던 배기가스측정기 개발이 좋은 예다. 일 잘하는 사람은 권한 유무를 떠나서 자신의 신념에 따라 당당하게 '월권행위'를 한다.

반대로 쓸모없는 사원은 "정말 하고 싶지만, 상사가 허락하지 않기 때문"이라며 권한 유무를 들어 항상 변명을 한다. 위험 부담을 지지 않기 때문에 실패는 없겠지만, 성공도 절대 없다.

덧붙이면 호리바 제작소에서는 자격제도를 만들었다. 개개인의 능력에 따라 특정 자격을 주는데, 이때 능력의 '상한'이 아니라 '하한'으로 자격을 정한다. 결국 어느 정도 수준에 도달했기 때문에 그 자격을 주는 것이 아니라, 어느 정도 이상 일을 할 수 있다는 것을 전제로 자격을 주는 것이다.

바꿔 말하면 '월권행위'를 하기 쉬운 체제를 만들어 사내 활성화를 꾀한다는 뜻이다.

항상 멋쟁이인 사람
내용으로 승부하기 전에 겉모양으로도 승부하라

어느 요릿집에서 한 경제지 기자와 인터뷰를 할 때였다. 뭔가 고약한 냄새가 난다고 생각했는데 알고 보니 기자의 양말에서 나는 냄새였다. 민완기자였지만 어쩐지 흥이 식어버리는 기분이었다. 사람의 감정이라는 것이 그렇다.

무슨 양복을 입어도 좋을 것 같지만, 역시 옷차림까지 신경을 쓸 수 있는 사람이 일을 잘한다.

만나는 상대방과 목적에 맞게 옷을 바꿔 입는다. 감청색 양복은 청결한 느낌을, 좀 화려한 재킷은 활동적인 인상을 준다. 옷차림에 따라 자신이 얼마나 다른 인상으로 보일까 잘 계산하는 것이다.

그렇다고 해서 고가품을 사거나 유행의 첨단을 걸을 필요는 없다. 상대에게 청결하고 좋은 인상을 줄 수 있다면 그것으로 충분하다.

극단적인 이야기일지 모르지만, 역시 옷차림에 관심을 두지 않는 '센스 없는 사람'이 되어서는 안 된다. 같은 와이셔츠를 며칠이고 입거나 매일 같은 넥타이를 매거나 구두가 먼지로 더러워져 있다든지…. 상대에게 불쾌감을 줄 뿐이다.

물론 '남자는 내용으로 승부한다'는 사람도 있지만, 그 내용을 포장하는 것이 옷이다. 덧붙여 나 같으면 남자는 '내용'으로 승부하는 게 아니라고 말하고 싶다. '누더기를 걸쳐도 마음은 비단'이라며 구질구질한 거드름을 피우는 것은 이미 구시대의 이야기다.

자신을 어필할 것만 생각하는 사람
'말하는 방법'보다는 '말할 때'에 신경을 써라

모임에서 종종 하는 테이블 스피치(회의석상 등에서 하는 짧은 연설 : 역자 주)를 심각하게 생각하면 어깨가 무거워지지만 그것을 한때의 즐거움으로 바꾸는 방법이 있다.

어려운 게 아니다. 자신을 드러낼 좋은 기회라고 적극적으로 생각하면 된다. 내용만 명확하다면 말하는 기술 같은 건 아무도 신경 쓰지 않는다. 이런 점은 자신이 듣는 처지가 되었을 때 느꼈던 대로다.

"서툴러도 좋다. 스피치를 통해 나를 모든 사람에게 드러내보자."

이런 식으로 마음을 활짝 열고 기분을 바꾸면 실제 스피치에서도 조금쯤 편한 기분이 될 게 분명하다.

회사에서도 마찬가지다.

예를 들어 회의석상에서 사회자에게서 "뭔가 의견 없습니까?"하고 질문을 받았는데 눈을 내리깔고는 묵묵히 있어서는 안 된다. 특히 젊은이라면 '회사는 자신을 파는 곳'이라고 적극적으로 생각하고 당당하게 의견을 말하도록 해야 한다. 자신을 어떻게 드러낼지 생각하는 사람이 바로 일 잘하는 사람이다. 주위가 침묵에 싸일수록 '퍼포먼스' 효과는 점점 더 크게 나타난다.

결혼식의 연설처럼 회의에서 발언하는 것을 피해 지나가고 싶은 것은 누구나 같은 심정이다. 단지 그 자리에서 퍼포먼스를 연기하지 않으면 자신을 팔수가 없다. 이를 위해서 우선 자세를 바로 한다. 자세를 바로 했으면 다음으로 뭘 이야기해야 좋을지를 생각한다. 괴로워하지 말고 퍼포먼스를 위해 시나리오를 짠다고 생각하면서 즐겁게 여기는 것이다.

정치가 가운데 연설을 싫어하는 사람은 없다. 왜냐하면 연설하는 것이 자기 PR이고, 그것이 표로 직접 연결된다는 사실을 너무도 잘 알기 때문이다. 회의도 같은 이치라고 생각하면 누구든 적극적으로 나서서 발언하게 될 게 틀림없다.

사내 정보에 정통한 사람
정보통, 사내통의 맹점

회사 안에서 '정보통'으로 통하는 사람들이 있다.

이런 유형 중에는 일반적으로 사서 걱정하는 사람이 많다. 그들은 인사나 파벌 등 인간관계를 파악하지 않으면 안심이 안 된다. 그래서 정보를 열심히 찾아다니지만, 이런 유형이 일 잘하는 사람이라고 평가받는 경우는 본 적이 없다.

왜냐하면 사내에만 국한된 얘기가 아니라, 정보라는 것은 수집하고 활용해야 비로소 가치를 가지기 때문이다.

"A부장과 C과장은 동창이지만, 실은 견원지간이야."

소문이 이런 단계에 머무른다면 화젯거리에 불과할 뿐 정보라고 부르지는 않는다.

단지 품의나 기획을 올릴 때 이 소문을 활용할 수 있다면 그때 정보로 살아난다. 그래서 사내통에 불과한 사람을 경쟁상대로 여길 필요가 없다. 그의 가벼운 입만 주의하면 될 뿐이다.

사내 정보에 관심을 기울이는 사람이 많은 것은 인간관계가 인사에 큰 영향을 준다고 생각하기 때문이다. 확실히 그런 시대가 있었고, 지금도 기업에 따라서는 그럴 것이다.

그러나 이만큼 경제 환경이 어려워지고 기업의 존망이 불안한 시대에 파벌이나 정실로 인사를 할 여유가 없어진 것도 사실이다. 또 특정 조건을 빼고 사내 정보를 일반인에게 공개하는 선진적인 기업에서는 이미 생각할 수도 없는 일이다.

첫인상으로 사람을 판단하는 사람
사람을 처음 만날 때 반드시 주의해야 할 것

사람은 첫인상으로 상대를 판단할 수밖에 없다.

나는 지금까지 셀 수 없이 많은 사람과 만나왔지만, 그 후 몇 번이라도 바쁜 시간을 아껴서 만나고 싶다고 생각하는 사람은 제한된 몇 명뿐이다. 이것은 나뿐만이 아니라 사람들 대부분이 그렇지 않을까 싶다.

결국 우리는 첫인상으로 사람을 판단할 수밖에 없다. 남을 판단하려면 첫인상에 기댈 수밖에 없기 때문이다.

첫인상은 그만큼 중요하다. 물건을 팔러 가서 첫인상이 나쁘면 내일이란 기대할 수 없다.

거래에서는 항상 배수의 진을 친다. 한방 승부인 것이다.

그래서 일 잘하는 사람은 제품보다 우선 자신을 팔기 위해 신경 쓴다. 호감 받는 것을 가장 먼저 생각한다. 첫인상 때문에 괜히 미움 받는다면 제품 설명까지 갈 수가 없기 때문이다.

그렇다면 첫인상을 좋게 하기 위해서 어떤 노력을 하면 좋을까. 결론부터 말하면 사람마다 제각각이어서 '왕도'가 없다.

예를 들어 상담 약속을 하면 상대의 정보를 모은다는 사람이 있다. 그것도 일에 관한 것뿐만 아니라 취미, 출신지 같은 정보까지 포함한다. 그런 정보를 알면 상담할 때 그 화제를 주저 없이 꺼낼 수 있기 때문이라고 한다.

무엇보다 내가 이런 방법을 좋아하지 않기도 하고, 상대가 내 사생활을 조사해왔다는 걸 알면 기분이 나빠지고 만다. 이런 방법도 있다고 소개했지만, 사생활에 관한 정보는 잘못하면 역효과가 더 클 수도 있다는 것을 충분히 주의하길 바란다.

어쨌든 사람마다 제각각 얼굴이 다르듯이 첫인상을 좋게 하는 방법에는 정해진 것이 없다. 스스로 자신에게 알맞은 방법을 찾아갈 수밖에 없다.

재테크에 능숙한 사람

'바보 같은 시대'의 교훈을 얼마나 활용할 수 있을까?

거품경제 시대에는 본업을 제쳐두고 재테크나 부업에 열을 올리는 비즈니스맨이 많았다. 지금 와서 생각해보면 정말 바보 같은 시대였다. 앞서 언급했듯이 나는 거품경제 시대가 붕괴되어 정말 다행이라고 생각한다.

그런데 재테크와 부업은 비슷하면서도 다르다. 재테크는 자신의 재산을 운용하는 것이고, 부업은 본업 이외의 일에서 수입을 올리는 것을 말한다.

본업만 확실히 하면 재테크는 대단히 바람직한 일이지만, 쓸 만한 일을 하고 싶다면 부업은 그만두는 게 좋다.

그러면 왜 재테크는 좋고 부업은 그만두어야 하는 것일까?

재테크를 하려면 세상의 움직임을 볼 필요가 있다. IT혁명의 동향도 모르면서 자산이나 저금을 운용할 수 없는 법이다. 그렇기 때문에 재테크에서 얻은 지식을 자신의 본업에 플러스로 활용할 수가 있다.

그런데 부업은 그렇지 않다. 예를 들어 퇴근한 뒤 레스토랑에서 접시를 닦는 일이 본업에 얼마나 플러스가 될 것인가?

용돈을 버는 데 쓸 시간이 있다면 그것을 고스란히 본업에 투자해 공부를 더 하거나 사람을 만나 인맥을 넓히는 쪽이 훨씬 플러스가 된다.

a good worker
　　　　　　　　　not a good worker

a good worker
not a good worker

5

이런 말을 하는 사람

'남의 불행은 꿀맛'이라고 한다. 옳고 그름을 떠나 그것이 경쟁사회의 현실이다. 그렇지만 남을 칭찬하지 못하는 사람은 성공하지 못한다. 타인의 장점을 솔직하게 받아들여 흡수하려는 욕심이 없기 때문이다. 한 번 생각해보자. 자기보다 한 발짝 앞서 가는 경쟁자가 좋은 성적을 올렸을 때, 당신은 박수를 보낼 수 있나?

일 잘하는 사람 일 못하는 사람

말을 툭툭 내뱉는 사람
'모난 돌'에서 '너무 모난 돌'이 돼라

난 말을 툭툭 내뱉는 사람이다. 특히 회사 밖 회의에서는 전체 흐름과 달라도 내 의견만큼은 분명히 밝혀둔다. 분위기가 썰렁해지지만 성격 탓에 어쩔 수 없다.

그 자리에 있으면서 아무 말도 하지 않는 나 자신을 보면 참을 수 없다. 참석한 이상 내게는 의결의 책임이 있다. 그래서 발언하는 것이다.

"난 이러이러하고 저러저러해서 반대합니다. 따라서 이 위원회 안에서 승인했다는 식으로 덮는 것은 곤란합니다. 의사록에는 호리바가 반대했다는 점을 확실히 적어주었으면 합니다."

나는 나 자신의 신념과 철학에 따라 의견을 펼 뿐이다. 말해야 할 것은 말한다. 그렇다고 내가 반대했는데도 일단 다수결로 결정한 것이라면, 난 그것을 절대 뒤엎으려고 하지 않는다. 그것이 규칙이다.

"호리바 씨는 고집불통이야" 하고 험담하는 이도 있다.

음음, 그저 대충 수긍만 해대는 회의에서 이의를 제기하니 당연하다.

그래도 난 등 뒤에서 남들이 뭐라고 쑤군대도 전혀 상관하지 않는다. 왜냐하면 '호리바는 시끄러운 사람' '고집불통'이라는 인물평이 있다면, 도리어 내 처지에서는 말하기가 쉬워지기 때문이다.

'너무 모가 난 돌'은 더 손댈 수 없다.

헤이세이(平成, 현 일본 국왕의 연호로 1989년부터 시작 : 역자 주) 시대가 되고 나서, 설마 했던 대기업들이 속속 파산했다. 도산 후 임원들의 인터뷰를 들었더니 대체로 말의 취지가 이렇다.

"그 상태로는 상황이 너무 힘들어질 것 같은 위기감이 들었다."

그렇지만 정작 임원회의에서 위기의 경종을 울렸던 임원은 한 명도 없었을 것이다. 회장과 사장의 방침에 반기를 든다는 것은 정말 어려운 일이다.

그것은 나도 이해할 수 있으며, 동시에 '남과 다른 의견'을 펴는 사원이 회사에서 얼마나 소중한 존재인지도 절실히 깨닫고 있다.

단 오해가 없도록 덧붙이자면, 반대할 때뿐만 아니라 어떤 의견이나 결의에 동의한다면 그때 역시 당당하게 찬성하는 뜻을 분명히 밝혀야 한다. 일 잘하는 사람이란 무엇보다도 기죽지 않고 자신감 있게 의견을 밝히는 사람을 말한다.

말을 잘 못하는 사람

치명적인 문제, 머리를 쓰지 않기 때문에 말을 못하는 것이다!

중얼중얼 뭘 이야기하는지 통 알 수 없는 사원을 눈앞에 두면 화가 머리끝까지 치밀어 오른다. 말이 서툴러서 화가 나는 것이 아니다. 서툴다면 왜 전날 밤에라도 보고해야 할 내용을 정리해두지 않았는지, 그 점에 대해서 나는 참을 수 없는 것이다. 그런 사원이 그럴듯한 일을 할 수 있을 리 없다.

비즈니스에서 말이라는 것은 의사전달의 수단이다.

여성을 유혹하는 것과는 차원이 다르다. 교언영색까지는 필요 없고 뭐가 어쨌다는 것인지, 무엇을 어떻게 하자는 것인지 자신의 의사를 명확하게 상사에게 전달할 수 있다면 그것으로 족하다. 물 흐르듯이 달변일 필요는 없지만, 듣고 있자니 뭘 이야기하고 싶은 것인지 통 감이 잡히지 않는다면 대화가 되지 못한다. 특히 말이 긴 사원은 최악이다.

자신이 말주변이 없다고 생각한다면, 말할 내용을 미리 정리해서 말해야 할 것들을 종이에 요점별로 적어본다. 다음에 어떤 차례로 이야기 할 것인지 각 항목을 재구성해보자. 그럴 경우 되도록 결론을 앞으로 끌어내라. "저는 이렇게 하고 싶습니다. 왜냐하면….." 이런 식으로 전개한다. 듣는 이가 상사라면 결론부터 알고 싶어 하기 때문이다.

이렇게 말할 내용을 정리할 수 있다면 말주변이 없다는 것은 있을 수 없는 일이다.

말이 서투른 경우 사람 앞에 나서기를 두려워하기보다는 뭘 어떻게 이야기해야 좋을지 정리가 되지 않는 사람이 많다. 정리가 되어 있다면 말하는 솜씨가 다소 서툴러도 비즈니스 회화로서는 합격이다.

그런데 최근 사내 의사전달 수단으로 이메일을 사용하는 회사가 많아졌다. 전화와는 달리 중요한 사항을 문자정보로 전달할 수 있어서, 바쁜 비즈니스맨에게 이메일은 이제 필수 사항이지 싶다.

현재 호리바 제작소도 사내 의사전달 수단이 대부분 이메일인데, 여기서도 '말주변 없는 사람'이 있다. 구질구질

길게 늘여 써서 정작 무엇을 이야기하고 싶은지 전혀 알 수가 없다. 읽는 쪽은 그저 불안하고 답답할 뿐이다.

쓸 내용을 미리미리 머릿속에서 정리하지 못하는 사람에게는 이메일도 그저 그림의 떡일 뿐이다.

묵묵히 실천하는 사람
왜 베이브 루스의 홈런만이 기억에 남는 걸까

미국 메이저리그 역사상 가장 빛나는 대타자, 베이브 루스(Babe Ruth)에게는 이런 전설이 있다. 1932년 월드 시리즈 제3차전, 루스는 타석에서 관중석의 한 지점을 가리키고서 정확하게 그 장소에 홈런을 쳤다고 한다.

실현할 수 없었다면 큰 욕을 당할 그런 배수의 진으로 자신을 몰아넣어 멋진 결과를 만든다. 말한 것을 행동으로 옮겼기 때문에 더욱더 절찬 받는 것이다.

안타깝게도 호리바 제작소에는 말을 행동으로 잇는 베이브 루스가 적고, 그 반대인 사람이 많은 듯하다. 이는 우리 회사에 국한된 게 아니라 다른 곳도 마찬가지일 것이다.

그렇다면 왜 말없이 행동하는 사람이 많을까? 그것은

처음부터 실패했을 경우를 생각하기 때문이다. 엉거주춤 엉덩이를 뺀 상태에서 일을 멋지게 해낼 리가 없다.

분명히 묵묵히 일하는 사원도 회사에서는 필요하지만, 이런 유형은 도중에 정체되는 경우가 적지 않다. 좋은 결과를 내도 어필하는 것이 부족한 탓에 눈에 띄지 않기 때문이다. 돋보이지 않는데, 평가가 올라갈 리 만무하다.

또, 말없이도 줄곧 자기 일을 했더라면 좋았을 것을, 결과가 나온 뒤 '말 많은' 이로 변신하는 '경박한 사람'도 있다.

이런 사람은 "역시, 그렇게 되었죠? 사실은 저도 그렇게 되지 않을까 하고 속으로는 생각했거든요…"하고 아무 거리낌 없이 내뱉는다. 그렇게 말하는 사원에게 나는 이렇게 말해둔다. "주식평론가랑 똑같군."

"아마도 1만 5,000엔 밑으로 떨어지지 않을까 싶었는데, 역시 떨어졌죠?"

"1달러가 100엔이 되리라고 생각했는데, 역시 그러네요?"

결과가 나온 뒤 "사실을 밝히자면, 저도"하는 투로 주섬주섬 내뱉는 것은 그저 낯간지러운 일일 뿐이다.

멋진 일을 하고자 한다면, 말을 내세워(有言) 자기를 채찍질하여, 행동으로 옮겨(實行) 결과를 만들 일이다.

판매고를 갱신하고 나서 "실은 저 역시 내심으로는…"

하고 말한다면, 애써 실적을 올려놓더라도 스스로 자신을 낮추어 평가하는 꼴이 될지도 모른다. 판매실적을 갈아치울 자신이 있다면, 처음부터 당당히 선언하면 된다.

큰소리 쳤으면 죽을힘을 다해 노력할 것이고, 무엇보다도 그 일을 해냈을 때 주위의 평가도 완전히 달라진다.

자기 의견을 말할 줄 아는 사람, 말 못하는 사람
자신만의 독특한 시각을 기르는 신문, 서점 이용법

"뭘 공부해두면 좋을까요?"

요즘 상사에게 이런 질문을 해오는 신입사원이 많은 것 같다. 남에게 묻는 것치고는 참 막연한 질문이겠는데, 신입사원인 이상 별수 없을 것이다.

그렇다면 어떤 '공부'를 하면 좋을까?

먼저 매일 신문을 읽을 것. 이건 철칙이다. 그리고 모르는 단어가 나오면 바로 조사할 것.

덧붙여 "신문에 나온 것에 대해 어떻게 생각하지?"하고 다른 사람에게서 질문을 받았을 때 자기만의 언어로 답할 수 있게 해둘 것. 그렇게 되기 위해서는 기사를 대충 훑어보지 말고, 머릿속으로 생각하면서 읽어야 한다. 정보를 하나하나 머릿속에서 음미해간다. 이것만으로도 다른 사람과는 분명히 다른 관점에서 사물을 보는 눈이 길러진다. 곧, 자신만의 독특한 의견을 가질 수 있게 되는 것이다.

영업부의 S씨는 박식한 데다 독특한 의견을 가진 것으로 정평이 나있다. 의학 관련 제품 카탈로그를 만들 때, 개발 담당자가 "S씨는 인문계 출신이면서, 어떻게 의학과 기술 쪽에 전문지식이 있지" 하고 놀랐다고 한다. 사실은 입사한 뒤로 수십 년에 걸쳐서 모르는 것이 있으면 그때그때 찾아보는 작업을 계속해왔던 것이다. 다른 사람과 대화를 나누면서 모르는 단어라든지 주제를 듣게 되면, 그날 안으로 당장 책방에 들러 전부 조사한다. 책을 사기에는 용돈이 모자라서 두 시간 혹은 세 시간에 걸려서라도 서서 다 읽은 후에 귀가했다고 한다.

이 일을 10여 년간 쉬지 않고 해왔으니, 개발 관계 전문용어는 물론이고, 기술내용까지 모든 것을 머릿속에 집어넣을 수 있게 된 것이다. 단, S씨에 의하면, 모르는 단어와 지식을 흡수할 수 있는 것은 서른다섯 살 때까지라고 한다. 그 나이를 넘으면 기억력이 급속하게 떨어져 책방에서 몇 시간을 소비하더라도 일주일이 지나면 까맣게 잊어버리게 된다고 한다.

입에 발린 말에 능숙한 사람
상대를 칭찬하기 전에 이것만은 조심하라

"입에 발린 말을 잘하시네요."

이런 말을 듣고서 기뻐할 사람은 많지 않을 것이다. 입에 발린 말에는 뭔가 부정적인 어감이 있기 때문이다.

다만, 이 입에 발린 말은 본래 '상대방의 기분을 상하지 않게 하는 말'이라는 뜻으로, 상대의 결점은 덮어두고, 장점만을 끄집어낸다는 뉘앙스가 강할 것이다. 그런 의미에서 마음에도 없는 말을 하는 아첨과는 결정적으로 다르다고 하겠다.

아첨하는 것이 싫다고 해서 사실 그대로를 입 밖에 낸다면 어떨까?

머리가 벗겨지기 시작한 상사를 보고, "어이구, 숱이 꽤 적어지셨습니다"고 한다면, 상사의 기분이야 뻔한 사실이다. 대머리가 되기 시작했다는 사실과 그것을 지적하는 것은 전혀 다른 차원의 문제다.

말하자면 입에 발린 말은, 인간관계의 윤활유 같은 것이다. 인간이 감정의 동물인 이상, 입에 발린 말에 능숙한 사람이 일도 잘 풀리는 것은 당연한 일이다.

예를 들어, 입에 발린 말은 이렇게도 사용할 수 있다.

상사에게 아첨하는 것이 아니라 밀어주는 것이다. 회의에서 제안한 기획안이 채용될 것 같다고 판단될 경우, 주저 없이 상사의 이름을 내세우자. 상사로서는 이처럼 기분 좋은 일이 없을 것이다.

젊은 시절부터 업적에 눈이 어두워 초조할 필요가 없다. 상사의 업적이 눈부시면, 곧 자신도 평가받는 법이다. 상사의 마음을 읽고 자존심을 세워주면서, 자신을 제안을 잘 풀어 도마 위에 올려놓는 지혜. 얼굴을 대놓고 상사에게 입에 발린 말을 하기가 뭐한 사람이라도 이런 방법이라면 간단히 해결될 수 있다.

단, 입에 발린 말은 날이 날카로운 칼이라는 점을 가슴속 깊이 명심해 두었으면 한다.

그 사람의 말이 칭찬이 아닌, 단순한 아부에 불과하다고 여겨지는 순간부터 상대방과 자신의 사이에는 건널 수 없이 깊은 강이 생긴다.

"왜일까. 이 녀석은 기분 좋은 말만 골라서 하는데. 뭔가 꿍꿍이가 있는 거 아닐까."

도리어 이제껏 쌓아온 신용까지 한순간에 전부 잃어버리게 된다. 입에 발린 말은 그만큼 더하고 덜하는 조절이 매우 어려운 일이다.

모르는 건 뭐든지 질문하는 사람
내가 굳이 간단하게 지시하는 이유

 지시한 일을 지시한 대로 하는 것은 파트타임으로 일하는 사람도 가능하다. 지시한 일에 플러스알파의 부가가치를 더해 결과를 만들어내는 것, 이 플러스알파야말로 상사가 기대하는 것이며, 플러스알파가 큰 사원이 일 잘하는 사람이다.

 반대로 사원 가운데 최악인 경우는 '지시를 기다리는 족속'이다. 먹이 주기만을 기다리는 개처럼 이제일가 저제일까 주인 얼굴을 뚫어져라 보고 있을 뿐이다. 농담이 아니다. 무슨 일을 해야 할지 스스로 생각하여 행동함으로써 비로소 한 사람분의 어엿한 사원이 되는 법이다.

 그렇기 때문에 나는 사원에게 목표만을 간단명료하게 지시한다.

 "이런 것을 개발할 수 없을까?"

 "이 제품을 팔고 싶은데…."

 "기업 이미지 제고를 위해 전시회를 하지."

 내가 전달한 목표에 어떤 경로로 도달할지는 바로 사원들이 얼마나 능력을 발휘하느냐에 달렸다. 최단거리로 도달할지, 이리저리 주저할 것인지, 혹은 예상을 뛰어넘는 성과를 올릴 수 있을지도. 사원의 능력은 바로 그 점에서 대부분 알아차릴 수 있다.

그런데 내가 전달한 목표에 대해서 꼼꼼하게 질문을 던지는 사원이 있다.

"예산을 얼마 정도로 세울까요?"

"언제까지 하면 좋겠습니까?"

"팀원은 몇 명 정도로 구성됩니까?"

분명히 밝히지만 이렇게 말하는 사람은 쓸모가 없다. 절대 성장할 수 없다고 해도 좋다.

정작 흐름은 그 반대다.

"예산은 이 정도 듭니다. 완성까지 3개월 걸립니다. 팀원은 다섯 명 필요합니다. 왜냐하면…."

먼저 스스로 생각하여 이런 식으로 내게 결론을 요구해야 할 문제다.

어떻게 하면 좋을지 하나하나 지시를 구하거나 모르는 것이 있으면 금세 타인에게 질문하는 사원은 첫째, 능력이 결여되었거나, 또 하나는 책임을 회피하려는 심리다. 지시대로 행동하면, 혹시 실패하더라도 상사의 책임이라는 발상이다. 이런 사람이 큰일을 할 리도 없으며, 이런 사람들 투성이인 회사에 밝은 내일이란 없는 법이다.

불평불만을 자주 하는 사람
성공한 사람 가운데 말 많은 사람 없다

이 세상에 배꼽 빠지도록 웃을 수 있는 즐거운 일이 그렇게 흔하지는 한다.

하물며 매일 반복되는 회사 근무가 장밋빛이기만 하다면 한 번쯤 자신이 하는 일을 의심해볼 필요가 있다. 상사와 동료, 그리고 후배들과 하루하루 진지하게 승부하고 있다면 생각대로 풀리지 않는 것은 당연하다. 그래서 푸념이 늘 입에 붙고, 스트레스가 떠나지 않는다.

다만 이것만큼은 말해도 좋을 듯싶다. 푸념이 많은 사람은 예외 없이 일에 무능하다.

왜냐하면 내가 아는 범위에서 성공한 사람 가운데 불평불만이 많은 사람은 단 한 명도 없기 때문이다. 푸념이 많은 것은 성공하지 못한 것, 평가받지 못하는 것에 대한 불만의 표시에 불과하다.

여기서 생각해둘 것은 평가받지 못해서 푸념하는 것인가, 불평불만 투성이인 인간이기에 평가받지 못하는 것인가다.

"닭이 먼저냐, 달걀이 먼저냐"같지만, 내게 물어온다면 난 반드시 후자다. 푸념만 늘어놓는 인간이기 때문에 평가받지 못하는 것이다.

그런 인간에게 불평불만을 토해내는 것은 이제 한 가지 '취미' 다. 상사가 보는 눈이 없다고 푸념, 월급이 낮다고 푸념, 불경기도 탓하고, 한 여름 무더위, 한겨울의 추위마저 불평불만의 대상이다.

현실을 감수해내는 겸허한 마음이 없다면, 건설적인 방성도 없다. 이런 식으로는 일이 될 리가 없을 것이다.

누구든지 불만이 있다. 부인에게 투정을 해서 기분이 시원해진다면 그 방법도 좋을 듯싶다. 술을 마셔 울적한 마음이 갠다면 그것도 좋다. 하지만 불만과 푸념의 근본원인이 무엇인지 생각해서 해결하려고 하지 않는 이상 같은 짓을 반복하는 꼴이 된다.

게다가 최근 사회 전체가 스트레스라는 것에 너무 과잉반응을 보이는 풍조가 있다. 스트레스가 모든 악의 근원이며, 이것을 어떻게 해소할 것인지가 비즈니스맨의 커다란 관심사가 되고 말았다.

비즈니스맨을 상대로 하는 잡지를 훑어보면, 일목요연하게 자기 스스로 해보는 스트레스도 검사라든지, 해소법이라든지 스트레스에 관한 기사 투성이다. 전부 스트레스를 해소하지 못하면 망가지고 만다는 식이다.

분명히 스트레스의 영향은 매우 크다. 그런데 왜 스트레스가 쌓일까? 해소법과 같은 질병 치료법이 아니라, 스트레스가 쌓이는 근본원인을 생각할 필요가 있겠다.

그 힌트는 인간은 노는 것에는 스트레스가 쌓이지 않는다는 점에 있다. 골프를 한다든지, 낚시를 한다든지, 온천여행을 간다든지, 취미로 뭔가를 하는 동안에는 스트레스 걱정이 없다. 자기 뜻대로 좋아서 하는 일이기 때문이다.

따라서 일도 즐기면서 하면 스트레스가 쌓이지 않는다. 그리고 좋아하기 때문에 더 능숙해지며 일의 수준도 높아진다. 일거양득이 아닐 수 없다. 결국 여기서도 자신의 일에 얼마만큼 '색다른 즐거움'을 발견할 수 있느냐가 핵심이다.

자기 권리를 확실히 주장하는 사람
스스로 부담을 짊어지고 일하는 사람은 반드시 성장한다

어쨌든 간에 권리라고 하는 것은 크게 주장해야 한다. 그것은 당연하다. 그러나 현실적으로 그 당연한 권리를 주장하는 데는 큰 용기가 필요하다.

유급휴가를 정하는 데도 상사하고 선배가 정하지 않으

면 부하가 먼저 나서서 정하기 어려운 법이며, 근무 시간의 경우에도 상사가 잔업을 하면 퇴근하기 힘들다. 주어진 권리와 그것을 행사는 것은 전혀 다른 문제다.

하지만 앞으로는 시대가 다르다.

사원 한 명 한 명이 자기 일에 대해서 모든 책임을 지는 '경영자감각'을 가져야 한다. 자신에게 확고한 신념과 의견이 있다면 주장해야 할 것은 당당히 주장하고, 일에서 결과를 내면 그것으로 족한 것이다. 권리도 마찬가지로, 자신의 권리조차 제대로 주장 못하는 사원이 큰일을 해낼 리 없다.

단, 권리만 주장하고 의무가 따르지 않는 사원은 안 된다. 예외다. 최악이다. 권리를 주장하려면 의무도 당연히 이행해야 하는 법, 자기 편의만을 내세워 받아들이려는 사람은 단순히 고집쟁이라고 하겠다. 제멋대로 행동하는 사람이 그럴듯한 일을 할 수 있을 리가 없다.

'의무'가 있기 때문에 '권리'가 있다. '의무'를 다하기 때문에 '권리'를 누릴 수 있다. 결코 '권리'가 우선이 아닌 법이다.

일을 잘할 수 있는 사람 가운데는 뭐든지 자신의 권리를 확실히 주장하는 사람이 많다. 그리고 자신이 주장하는 권리를 오히려 발판으로 삼아 남보다 몇 배 더 일한다. 유급

휴가를 충분히 받고 주어진 것 이상으로 업무성과를 올린다. 그렇기 때문에 일 잘하는 사람의 주장은 권리에 국한하지 않고 업무상의 의견도 상사가 전폭적으로 신뢰하고 귀를 기울이는 것이다.

남을 칭찬하는 사람
남의 장점을 솔직히 인정할 만큼 '탐욕심'을 가져라

'남의 불행은 꿀맛'이라고 한다. 비겁한 짓이라고 생각하면서도 동료가 실패하면 마음 한구석에서 안도의 한숨이 나오는 것을 부정할 수 없다. 옳고 그름을 떠나, 바로 그것이 경쟁사회의 현실이다.

반대로 동료의 성공에 대해서는 어떠한가? '타인의 행복은 고통의 맛'일까? 경쟁사회인 이상, 솔직히 말해 복잡한 기분이 드는 경우가 많으리라 생각된다.

그렇지만 남을 칭찬하지 못하는 사람이 성공하는 일은 없다.

마음이 비뚤어졌기 때문에 성공하지 못하는 것이 아니다. 그런 도덕적인 관점이 아니라 타인의 장점을 솔직하게 받아들여 그것을 흡수하려고 하는 욕심이 없으면 안 된다는 것을 말하고 싶다.

그리고 남을 칭찬하지도 못하는 사람은 어딘가 콤플렉스를 가지고 있는 경우가 많다는 점을 명심해야 한다. 스스로 자신감이 없기 때문에 남의 성공을 있는 그대로 받아들여 기뻐하지 못하는 것이다.

예를 들어 자기보다 한 발짝 앞서 가는 경쟁자가 좋은 성적을 오렸을 때, 당신은 박수를 보낼 수 있나? 우선 그러지 못하는 게 틀림없는 사실이다.

반대로 자기보다 성적이 훨씬 못 미치는 동료가 오랜만에 점수를 올렸을 경우는 어떠한가? 아마도 "잘했군"하고 웃으면서 축하하는 것쯤은 할 수 있으리라. 왜냐하면 그 동료는 경쟁자도 될 수 없고, 그에게 콤플렉스를 느꼈던 적도 없다. 곧, 당신의 마음에 여유가 있기 때문이다.

일을 잘하고 싶은 마음이라면 타인을 칭찬할 노릇이다. 그리고 남의 좋은 점들을 흡수하려고 노력해야 한다. 타인을 헐뜯는 것은 질투에 지나지 않으며, 자신에게도 절대 플러스가 되지 않는다는 사실을 알아야겠다.

호언장담하는 사람
대단하게 보이려는 것이 오히려 역효과를 낼 때

사내에서는 얌전한 주제에, 거래처에 가면 어떻게든지 자신을 대단한 존재로 보이게 하려는 사람이 있다. 비즈니스 상담을 자기 주도로 몰고 가려는 심보일지는 모르겠지만, 듣는 쪽이 낯 뜨거워지는 경우가 대부분이다.

"그 프로젝트도 제가 담당했죠."

"이번에 미국 지사에서 제발 와달라고 몇 번이나 부탁했는데…"

자꾸자꾸 자랑을 늘어놓는 것은 상대방의 반발만 불러올 뿐이다.

예를 들어 그 얘기가 어느 정도 사실이라고 해도, 상대는 감동받을 수도 있겠지만 "분명히 이야기 가운데 반은 순 꾸민 말일 거야"하고 생각할 뿐이다.

결국 호언장담은 자신감 없는 사람이 자신을 과대포장하려는 데 지나지 않는다. 그렇기 때문에 속내가 금세 드러난다.

"늑대가 왔다!"고 거짓말을 해대는 동화 속의 양치기 소년처럼, 일단 진실이 다 드러나 버리면 다음부터는 아무도 상대해주지 않는 법이다.

능력 있는 매가 발톱을 드러내는 것, 곧 자신의 발톱이기에 사람들은 그것을 보고 감동한다. 발톱이 없으면서도 있는 듯이 말하는 것은 허풍이며, 이것은 신용을 잃게 한다. 그리고 까마귀 주제에 매의 발톱을 자랑하려는 것은 실소를 자아낼 뿐이다.

a good worker
not a good worker

6

이런 태도를 가진 사람

출세라는 것은 '의자 앉기 게임'과도 같다. 입사해서 승진하는 것과 더불어 의자 수는 차례차례 줄어든다. 겸손하게 의자를 양보한다면 그 다음에 의자에 앉을 기회는 영영 다가오지 않는다. 극단적으로 말해 비즈니스에서 '좋은 사람'이란 '무능'의 대명사인 것이다.

일 잘하는 사람 일 못하는 사람

부하를 나무라지 않는 사람
상사의 역량은 혼내는 에너지로 안다

상사의 일이란 우선 부하를 혼내는 것이다.

회사라는 조직은 최고경영자의 방침에 따라, 회사가 일사불란하게 움직여 이익을 올리는 체계다. 그러므로 상사는 회사의 방침과 경영이념에 어긋나는 부하를 나무라서 바로 잡아야 하는 임무를 짊어진다.

그래서 나도 "내 생각은 이러이러하다고 말했는데, 뭐하는 거야!" 하고, 언제나 부하에게 호통 치고 있다.

그런데 부하에게 과실이 있어도 혼내지 못하는 상사가 있다. 스스로 자신이 없기 때문이다. 자신의 태도를 명확히 하고 그것을 부하에게 지시할 만한 자신감이 없기 때문이다.

"회사의 가치관은 이렇고, 내 가치관은 이렇다. 네가 거기에 어긋난다면 각오하도록 해."

이렇게 딱 잘라 말할 수 있는 자신감이 없는 것이다.

자기 원칙을 갖지 못한 사람이 큰일을 제대로 해낼 리 없다. 상사가 되었다는 사실 자체가 잘못되었다고 해도 좋다.

다만 부하를 혼낼 때는 질책하는 기준을 명확히 해서, 평소의 말과 행동에서 자연스럽게 그것을 부하에게 전달해둘 필요가 있다. 질책하는 기준이 애매모호해서 같은 실패인데도 전에는 불문에 붙이더니 이번에 와서는 갑자기 화를 내거나 해서는 곤란하다. 질책당하는 부하가 그 이유를 상사의 기분 탓으로 돌려버리기 때문이다. 이런 식으로는 정작 혼내는 의미가 없어지고 만다.

게다가 중요한 것은 혼내는 방법에 있다. 잘못 혼내면 나중에 원한만 남게 된다. 본의 아닌 오해 때문에 생긴 원한일지라도 사람들에게서 원한을 사는 것은 별로 좋은 일이 아니다. 경우에 따라서는 이것이 큰 마이너스가 될 수 있다.

그러면 어떻게 나무랄 것인가? 직접 알아듣게 설명하는 게 좋다.

왜 혼나야만 하는지 분명히 납득시키는 것이다. 다른 방법은 없다. 실패한 부하에게도 변명할 여지가 있는 법인데, 그 여지를 제대로 없애버리지 않으면 오히려 앙심만 품게 된다.

이렇게만 하는데도 사람을 나무라는 일에는 많은 에너지가 필요하다. 나같이 두서없는 막무가내 인간일지라도, 질책하기 전날부터 "내가 화났다는 것을 그놈에게 이해시키기 위해서는 어떤 순서로 말해야 좋을까" 고민한다.

그리고 혼을 낸 후에는 "좀 지나치게 말했는지 모르겠군. 내가 말한 뜻을 충분히 알겠지?"하고 할 말을 미리 생각해둔다. 정말 힘든 일이 아닐 수 없다.

그렇기 때문에 나는 어느 날, 이렇게 말하며 혼낸 적이 있다.

"자네를 5분 혼내는 것으로, 자네는 내 시간을 두 시간이고 세 시간이고 자치했네. 알겠지? 내가 더 아무 말도 않을 때는 이미 다 끝난 거야. 내가 혼내는 것은 자네에게 기대를 걸기 때문이네."

나무라는 것은 이토록 어려우며 에너지를 소비하는 일이다. 그렇다고 해서 결코 기분 좋은 일도 아니다. 그렇기 때문에 상사 된 이의 역량이 요구되는 것이다.

톡톡 튀게 일하는 사람
'우수한 사원 20%', '쓸모없는 사원 20%'의 이론

나는 늘 튀게 일하려고 한다.

최고경영자로서 결단을 내리고 회사를 이끌어간다는 위치 때문에 사원과 나란히 동등한 책임을 분담하는 것은 용

납할 수 없다. 그래서 경영자는 고독하다고 여겨진다. 임원은 윗자리에 오를수록 시선을 모을 수 있는 일처리를 더 요구받는다.

마찬가지로 뭔가 일이 생겼을 때 견인차가 될 사원은 크든지 작든지 어느 정도 튀는 일처리를 할 수 있다. 또 그 이유만으로도 크게 성장할 잠재가능성을 지녔다고 할 수 있다.

이것은 조직론이기도 하다.

'개미이론'이라는 조직론에서 일개미 집단은 반드시 '2대 2대 6'으로 나뉜다고 한다. 곧, 열심히 일하는 집단을 이끌어가는 우수한 개미가 20%, 뒤처진 낙오병이 20%, 그리고 나머지 60%가 어느 쪽에도 소속되지 않은 들러리 집단이라는 설이다.

이 조직론은 회사에도 맞아떨어져, 우수한 20%라는 것은 톡톡 튀는 일처리가 가능한 우수한 사원을 두고 하는 말이다.

말을 이어서 '개미이론'에 몇 마디 덧붙여두자면, 20%의 우수한 개미만을 모아 집단을 만들더라도 결국은 뒤떨어지는 무리가 나오며, 그 집단 역시 자연스럽게 2대 2대 6으로 나뉜다고 한다. 반대로 뒤처진 낙오병 20%만으로 집단을 만들 경우, 여기서 또 우수한 무리가 나오며 '2대

2대 6'의 비율로 나뉜다고 한다.

곧, 우수한 사원만 모아서 정예부대를 만들어도, 그 가운데 20%는 별수 없는 사원이 되어버리는 것이다. 집단의 불가사의라고 할 수 있다.

이제 주의할 것은 그 튀는 일처리, 곧 집단을 이끌어간다는 행위가 주위에서 공감을 얻을 수 있도록 해야 한다는 점이다. 공감을 얻지도 못할 튀는 일처리란 단지 이기주의일 뿐 평가할 가치도 없다.

남의 의견에 순순히 귀 기울이는 사람
좋은 이야기도 나쁜 이야기도 귀에 들어오는가

'이해 없이 신뢰한다'는 말이 있다. 부하의 제안이 이해되지 않는 경우 무조건 승인하라는 뜻이다.

"뭐야 일일이 이렇다 저렇다 할 것 없이, 좋을 대로 하면 되잖아."

물론 이런 뜻이라면 회사에 미래가 없다. 무조건 승인하라는 말은, "나는 그 안건을 채용해서 성공시킬 예감이 전혀 들지 않지만, 부하의 설득에는 뭔가가 있다"는 감이 들었을 때 승인하라는 뜻이다. 상사의 발상과 능력을 뛰어넘는 부하의 제안과 시도가 있기 때문에 회사는 성장한다.

최고경영자인 나도 이것만은 늘 염두에 두려고 한다. 부하가 막힘없이 줄줄 제안하여 나를 몰아붙이는 식이 아니라면, 회사는 '나 이상' 성장하지 않는다. 그렇기 때문에 부하를 가진 처지라면, 부하의 의견에 있는 그대로 귀를 기울이고 어떻게 부하의 능력을 끄집어내어 아이디어를 제안하도록 하며, 실행에 옮겨 성과를 오릴 수 있게끔 할지가 중요한 관건이 된다.

그러기 위해서는, 먼저 부하가 부담 없이 자신의 의견을 솔직히 말할 수 있는 분위기를 만드는 것이 중요하다. 부하와 커뮤니케이션을 하는 방법은 개개인의 형편에 맞춰서 생각한다. 계장이나 부장인 경우, 당연히 부하와 만나는 방법, 대화를 나누는 방법, 분위기도 전부 다를 것이다. 게다가 나처럼 회장이라는 지위에 있다면 더욱 달라지는 법이다.

덧붙여, 내 경우 젊은 사원들과 커뮤니케이션을 나누는 방법은 이렇다. 어떻게든 직접 얼굴을 마주 보고 대화할 수 있는 기회가 있으면 내 쪽에서 먼저 말을 걸고, 마음을 연다. "자네, 어느 부서지? 무엇을 담당하는가?" 이런 식으로 이야기를 끄집어낸다. 그리고 "난 젊었을 때 이런 실패를 한 적이 있지"하면서 지난 실패담과 고생담 등 회의에서는 이야기할 수 없는 화제를 의식적으로 풀어놓으며 서로 친근감을 갖도록 한다.

그런데 부하를 감싸면서 분위기를 맞춰주는 상사가 있는데, 반드시 효과가 크다고는 생각하지 않는다. 커뮤니케이션과 비위 맞추기는 비슷하지만 전혀 다르다.

술자리에서 무리하게 흉금을 터놓을 필요는 없다. 그보다도 왜곡 없이 부하의 말에 귀를 기울일 수 있는 자세가 중요하다. 조언할 수 있는 것은 조언하고, 자기 이해를 넘어선 제안일 경우라면 이해 없이 신뢰로 응하면 된다. 그런 태도가 부하의 신뢰를 얻는 길이다.

그리고 부하에게서 얻은 정보는 좋은 이야기든 나쁜 이야기든 모든 내용을 귀담아 들어둘 필요가 있다. 부하가 상사를 기쁘게 할 심산으로, 좋은 이야기만 잔뜩 풀어놓아 정작 나쁜 이야기는 덮어두려고 한다면, 정보가 기울어져 그릇된 판단을 하게 된다.

좋은 이야기에는 즐거워하고 나쁜 이야기에는 편치 않은 표정을 짓는다면, 누구나 좋은 이야기만 준비해 올 것이다. 모든 일의 근본원인은 자신의 태도에 있다.

부하의 상담을 자주 들어주는 사람
불평인가 의견인가, 우선 그것을 판단한다

꽤 오래 된 이야기지만, 우리 회사 영업부에 N이라는 매우 능력 있는 여성사원이 있었다. 영업 자료를 작성하는 일부터 손님 접대, 세미나 기획 등까지 N씨는 똑 소리 나게 업무를 처리하여 회사 안팎에서 좋은 평판을 받았다.

그런 N씨가 상사인 K과장에게 푸념을 늘어놓았다. 그것도 일이 싫어졌다든가, 피곤해서 감정적으로 말한 것이 아니라, 예를 들어 "개발부에서 올 자료가 늦어져서, 판매 자료가 어떻게든 늦어질 것 같다"는 식의 업무상 불만이었다. K과장은 곧바로 개발부에 연락해서, 일이 무리 없이 잘 진행되도록 조치했다.

그런데 결과적으로 판매 자료 작성이 늦어졌다. 이상해서 N씨에게 이유를 물어보니, 몸 상태가 좋지 않다느니 혹은 다른 자료를 만드는 데 시간을 빼앗겼다느니 하며 뻔한 거짓말로 변명을 둘러댔다.

그리고 얼마 뒤 N씨는 퇴사했다. K과장은 그때서야 N씨의 푸념이 지닌 속뜻을 겨우 알아차릴 수 있었다. N씨는 이런저런 이유를 댔지만 사실은 진심이 아니었으며, 다만 푸념에 가까운 투정을 하고 싶었던 것이 아닐까? 그것을 그대로 받아들여 일부러 개발부에 조치를 취한 것이 거꾸로 N씨를 궁지에 몰아넣은 것은 아닐까….

부하와 상담할 때 어려운 점은 그것이 진심일지 아니면 단지 입으로 푸는 투정일지 잘 알아차려야 한다는 점이다. 관리직으로서 일하기 어렵다고 투덜거리면 당연히 교통정리를 해야 할 것이다. 그것이 기본이다. 그렇지만 그 이전에 부하의 말이 단순한 '우는 소리'인지 아닌지를 꿰뚫어 볼 필요가 있다. 현실에 불만을 품지 않은 사람은 없다. 나도 마찬가지다.

그냥 '푸념'과 '의견'은 다르다.

투정기있는 푸념이라면 이야기를 끝까지 들어주고서, "그래? 힘들겠군. 그래도 자네에겐 기대가 크니까 열심히 하게," 이런 식으로만 말해줘도 그것으로 끝이다. 부하도 그것으로 기분이 시원해질 것이다. '의견'이라면 확실히 교통정리를 해서 업무처리를 편하게 해줄 필요가 있다. 그 주변 상황을 잘 주시하지 않고서 부하의 '우는 소리'를 있는 그대로 받아들여 일한다면, 그건 관리자로서 자격 상실이다.

감정적으로 화내는 사람

변화구, 실패한 본인이 아니라 그 부하를 혼내는 법

부하를 감정적으로 혼내는 상사는 무능하다.

'질책하는 것은 상사의 책임'이라고 앞에서 말했듯이, 그 직책에 있기 때문에 혼내는 것이다. 곧, 감정이 아니라 냉정한 계산에 따라 부하를 키우기 위해 화를 낸다. 따라서 질책은 한 가지 퍼포먼스가 되어야 하며, 그게 불가능한 사람은 사람들 위에 군림할 자격이 없다고 말할 수 있다.

질책이 퍼포먼스이므로, 나는 회의석상에서 의식적으로 이런 '변화구'를 던진 적이 있다.

혼낼 필요가 있는 임원은 일부러 불문에 붙이고, "뭐야, 이런 실패를 하다니!" 하고 그의 부하를 꾸짖는다. 그 임원을 내가 직접 질책하지 않은 것은 부하 앞에서 체면도 있고, 더 중요하게는 본인에게 책임감을 알게 하기 위해서다. 회의가 끝난 후에 "면목이 없습니다. 그것은 제 책임입니다"고 그 임원이 말하러 오면 그만이다. 모르는 척하려고 한다면 평가는 그 자리에서 그만 뚝 떨어지고 만다.

상사의 위치에 있는 사람은 부하를 어떻게 혼낼 것인가, 부하의 처지에 있는 사람은 상사에게 어떻게 혼날 것인가…

퍼포먼스의 솜씨가 그 사람의 명암을 가른다고 해도 지나친 말이 아니다.

좋아하는 일만 하려는 사람
자기의 잠재능력은 이런 데서 안다

노래방에 가면 마이크를 놓지 않는 사람이 있다. 들으면 그냥 반할 정도 되는 목소리를 가졌다면 좋겠지만, 이런 유형일수록 대개 노래가 형편없다.

잘 못하는 거야 그런 대로 이해하겠으나, 본인은 노래의 세계에 푹 빠져 감정을 잔뜩 넣어 한 곡조 뽑기 때문에 더욱이 듣기 거북한 목소리가 된다.

어느 음악 관계자에게서 들은 바로는 노래방에서 노래를 멋지게 부를 수 있는 비결은 선곡 단계에서 자신의 목소리에 맞는 곡을 고르는 것이라고 한다. 그러나 사람들은 대부분 좋아하는 곡을 노래한다고 한다.

'자신의 목소리에 맞는 곡'은 '좋아하는 곡'과 반드시 일치하지 않으며, 자칫하면 '싫어하는 곡'이 더 잘 어울리는 경우가 많다고 한다.

일도 이와 마찬가지인데, '본인이 좋아하는 일'과 '본인에게 맞는 일'이 반드시 일치한다고는 할 수 없다. 좋아하는 일만 계속하려는 경향이 있는 사람은 결국 자신의 잠재된 능력을 발견하지 못해 좋은 일을 할 수가 없게 된다.

이런 예가 있다.

말주변이 없어 늘 소극적으로 쭈뼛쭈뼛하는 젊은 사원이 있었다.

그런 그가 영업부로 이동하게 되었는데, 그것이 일대 전환점이 되었다. 그는 말재주가 없어서 영업을 나가서도 죽을 둥 살 둥 이었다. 그런데 식은땀을 뻘뻘 흘리면서 제품을 설명하는 그에게 소비자들은 호감을 보냈다. '영업은 제품이 아니라 인간성을 파는 것'이라는데, 그 말 그대로였다.

상사도 놀랐지만 본인은 더욱 놀랐다.

노래방에 비유하자면 무척 싫어해 자기에게는 전혀 맞지 않는다고 생각하던 노래를 억지로 불러야 했는데, 그게 큰 갈채를 받은 경우다. 본인에게도 새로운 비즈니스 무대의 막이 열린 것이다.

태도가 부드러운 사람
'좋은 사람'은 '무능'의 대명사다

출세라는 것은 예를 들면 '의자 앉기 게임'과도 같다.

입사해서 승진하는 것과 더불어 의자 수는 차례차례 줄어든다. 동료를 제치지 않고서는 앉을 수 없게 된다. 의자 앉기 게임에서는 진 시점에서 대개 탈락자가 된다. 다음에 참가할 수 있는 사람은 극소수다.

"자, 먼저" 하고 겸손하게 의자를 양보한다면, 그 다음에 의자에 앉을 기회는 영영 다가오지 않는다고 봐도 좋다.

그래서 언제나 겸손하기만 한 사람은 안 된다.

큰일을 절대 이루지 못한다. 극단적으로 말하면 비즈니스에서 '좋은 사람'이란 '무능'의 대명사다. 늘 양보하여 마찰을 피하려는 사람은 비즈니스맨으로서 최악이라고 해도 좋다.

회사마다 생존을 걸고서 치열하게 경쟁할 때, 양보만 일삼는 사원은 성장은커녕 '회사의 적'이다. 나는 자기 일을 어필하지 않고, 조심스럽게 말을 돌려서밖에 표현하지 못하는 사원이 있다면, "그렇게 멍청이라면 이제 그만두게. 담당자를 바꿔야지!" 하고 날벼락을 내린다.

비즈니스는 당당하게 맞서는 정면승부다. 과장할 필요

가 없다면 주눅 들어 양보할 필요도 없다. 성공하면 어깨에 힘주어 뽐내고, 실패하면 깨끗하게 인정하는 것이다.

일 잘하는 사람은 실패를 하더라도 전력을 다했기 때문에 일종의 상쾌한 기분마저 맛본다. 반대로 언제나 한 걸음 뒤로 물러나 우물쭈물하는 사원은 성공하더라도 상사에게 돋보이지 못한다.

그런 식으로는 인정받을 수가 없다.

잘나가는 부서에 소속되지 않으면 불만인 사람
제멋대로 말할 수 있는 사원이 돼라

제멋대로인 사원은 반드시 출세한다.

왜일까?

자신의 뜻을 제멋대로 관철하기 위해서는 그에 상응하는 역량이 요구되기 때문이다. 제멋대로 행동하면서 일은 못하는 사람은 직장에서 애물단지다. 역설적이지만 '제멋대로 행동할 수 있는 사원'이 되어야만 한다.

마찬가지로 언제든지 각광을 받는, 잘나가는 부서에 있지 않으면 만족하지 못한다는 사람도 일을 잘할 수 있다.

왜냐하면 회사에서 일도 못하는 인간을 잘나가는 부서에 배치할 이유가 없기 때문이다.

다만 고집을 부려 각광받는, 잘나가는 부서에 옮기기 위해서는 당연히 다른 사람보다 두세 배 노력할 필요가 있다. 그런 기개를 가진 사람이야말로 성장할 요소를 지니고 있다.

자존심이 높은 사람
자기의 현재 위치를 확인하는 방법

자존심이라는 것은 무척 어려운 문제다. 자존심이 없는 사원이 일을 훌륭히 완수해낸 예는 없다고 봐도 좋다. 그렇지만 자기 능력에 대한 자존심이 지나치게 높은 사람도 일을 못하기는 마찬가지다.

자존심은 양복과 비슷해서 사이즈가 문제다.

자존심이 너무 높은 사원은 헐렁헐렁한 양복을 입은 것과 같이 볼품이 없다. 반대로 자존심이 없는 사원은 꽉 끼는 짧은 양복을 입은 꼴과 마찬가지로 우스울 뿐이다. 양복(자존심)은 몸(실력)에 딱 맞지 않으면 안 된다.

그러기 위해서는 몸(실력)을 잴 필요가 있다. 현 시점에서 자기 능력을 냉정하게 평가하고, 그 평가보다 좀더 높은 희망 곧, 자존심을 갖는 것이 성장하는 비결이다. 한창 성장 과정에 있는 몸(실력)이어서 양복(자존심)은 조금 큰 편으로 하는 게 좋을 것이다.

자기 실력을 객관적으로 평가할 수 있을지 없을지 여부는 앞으로 큰일을 해낼 수 있을지를 가늠하는 중요한 요건이 된다. 예를 들면 비행기 조종과도 비슷하다. 고도, 위도, 경도 등 현재 위치에 관한 데이터(객관적인 평가)가 없으면 목적지를 향해 날아가는 것이 불가능하다.

사원도 그와 마찬가지로 자신의 '현재 위치'를 알지 못하면 난다고 하더라도 얼마 지나지 않아 조난한다. 위치, 능력, 인망 등 자신의 현재 위치를 알고, 어느 각도로 어느 정도 날아야 목적지에 도착할지 계산할 수 있는 사람이 훌륭한 일을 할 수 있다.

그러면 자신의 현재 위치는 어떻게 판단해야 좋을까?

스스로 자신을 평가하는 것은 어렵지만 타인에 대한 평가라면 간단하다. 먼저 동료를 평가하고, 다음으로 그 동료와 자기를 비교하여 자신의 현재 위치를 뽑아내는 게 바람직하다.

기획력, 회의에서 발언하는 능력, 영업 실적… 등등, 여러 가지 업무상의 요소로 비교해보면 현재 자신이 어느 정도 위치에 있는지를 알 수 있다.

나는 곧잘 연구자에게도 이런 말을 한다.

"일본만이 아니라, 전 세계를 아울러 자네가 하는 연구가 어느 정도 수준인지 아는가?"

손자병법에 '적을 알고 나를 알면 백전백승'이라는 유명한 구절이 있다. 그러나 일을 잘하기 위해서는 적과 나의 순서를 정반대로 기억해야 한다. '나를 알고 적을 알면 백전백승'인 것이다.

먼저 나를 알 것. 그것이 가장 중요한 첫걸음이다.

상사보다 상사 위의 상사를 신뢰하는 사람
'마지막 결정타'는 여기서 사용한다

그 옛날 직소하면 목이 달아났다.

에도 시대 곤궁에 빠진 백성을 위해 장군에게 직접 호소하다가 그만 목이 잘렸다고 전해지는 이가 치바현(千葉縣) 시모우소(下總)에 살던 사쿠라 소고로(佐倉·五郎)이다. 그는 지금도 '백성의 의로운 영웅'으로 나리타(成田)의 토

쇼사(東勝寺)에 모셔져 있다. 사실의 옳고 그름을 떠나, 그 지방의 지방관을 제쳐놓고 장군에게 직소하는 등 나라를 다스리는 근본체제를 어지럽힌 범죄자였다.

회사의 경우는 어떠한가?

에도 시대와 마찬가지라고 생각한다. 백 번 천 번 바른 소리라고 해도 과장을 무시한 채 부장에게 직접 호소한다면 회사 시스템 자체가 무너진다.

그것도 부장이 판단력이 있어 편을 들어주면 모르겠지만, "과장을 통해서 올려 보내도록 하게나" 하고 문전박대라도 당하게 된다면 비참한 꼴이 되고 만다. 질서를 중시하는 대기업이라면 즉각 '목이 달아난다.'

조직이란 절차가 있다. 그것이 조직을 유지하기 위한 철칙이다.

그래서 '직소'는 본래 있어서는 안 되는 것이라고 생각하지만, 직소로 인해 성공한 예가 있는 것은 사실이다.

앞서 우리 회사가 세계에서 선구적으로 개발한 X선 분석현미경에 대해 말했지만, 사실 그것은 직소로 실현되었다. 당초 사내에서는 마케팅 관점에서 평가받지 못한 채 예산도 설정되지 않은 개발 테마였다. 직소에 의해 내가 결단하고 업무 지시를 내렸다.

그 밖에 세계 최초로 개발한 pH미터기 개발도 직소였

다. 물질 표면의 수소지수를 100미크론 간격으로 측정할 수 있는 획기적인 기술인데, 이 기술을 사용할 수 있는 용도가 분명하지 않았기 때문에 제품화 계획을 구체화하지 못하고서 중단 위기를 앞두고 있었다.

그러나 담당 기술자에게서 어떻게 해서든지 하고 싶다는 직소가 있어, 나는 업무 지시를 내렸다. pH미터기는 암세포의 분포를 측정하는 등 용도가 무한정이라고 판단했다.

직소로 성공한 예를 들었는데, 분명한 점은 옛날이나 지금이나 직소는 '목을 칠 큰 죄'인 점을 잊어서는 안 된다는 것이다. 직소할 경우 해고를 각오할 일이다. 바꿔 말하면, 회사를 그만두더라도 후회하지 않을 두둑한 배포가 없다면 직소는 삼가야 할 일이다.

요컨대 직소가 필요 없는 리더십을 발휘하는 상사가 되는 것이 필요하며, 직소를 당연시하는 기업은 조직 시스템에 문제가 있다고 할 수 있겠다.

자기가 입안한 일에만 열심인 사람
'시시한 일'을 어떻게 잘 처리할까

타인이 낸 안(案)을 해야 하는 것은 솔직히 말해 재미없는 일이다.

누구라도 그럴 것이다. 그렇지만 경영자 처지에서 보면 좋아하는 일에만 정열을 불태워 몰두하는 사람은 곤란하다. 그런 사람은 평가도 낮다. 그 사람의 기분은 모르는 바 아니지만 그런 유형은 그럴듯한 일을 하지 못한다.

일 잘하는 사람은 다른 사람이 입안한 일일지라도 재미있게 여길 줄 안다. '재미있는 것'이 아니라, '재미있게 여기는 것'이다.

그렇게 하면 신기하게도 처음엔 선뜻 나설 마음이 없었던 일도 점차 흥미가 솟아오른다. 새로운 발견이나 재미가 잔뜩 생기는 것이다. 곧, 입안자가 누구든 상관없이 적극적으로 일에 빠져들기 때문에 성과도 높아진다.

음식으로 바꿔 설명하면 더 알기 쉽다. 싫어하는 음식이지만 남이 권하니까 어쩔 수 없이 먹었던 경험은 누구에게나 있을 것이다. 그런데 그 음식이 생각지도 않게 맛있다는 걸 알 때가 있다. 일도 이와 같은 이치로, 먹어보지도 않고 싫어하는 것은 젊은 시절 자주 있는 일이다.

대체로 '이 일은 좋아한다' '이 일을 하고 싶다'고 하는 것은, 여러 가지 경험을 해보지 않고서 간단히 정해질 수 있는 게 아니다. 연애경험이 미숙한 젊은이가 어쩌다 사귀게 된 이성에게 푹 빠져버린 꼴이다. 뜨겁던 열기가 식어버리고 나서 "저런 사람에게 내가 왜…" 하는 식으로 스스로를 의아하게 여기는 것과 비슷하다.

곧, 젊은 시절에 '좋고 싫은' 것은 참으로 감정적인 요소가 많아서 본질과는 동떨어진 경우가 대부분이다.

그렇기 때문에 좋아하는 일에만 정열을 기울이는 사람보다 마지못해 시작한 일이지만 도중에 흥미를 갖게 된 사람이 성장하는 경우가 많다. 왜냐하면 '싫어함'이 '좋아함'으로 변하면서 생긴 격차가 업무에 대한 흥미와 연구심을 자극하기 때문이다.

일을 잘하는 사람은 일을 '좋아하게 되는 것'에 능하다. 이러한 사실은 아직 일에 재미를 붙이지 못하는 젊은 사원들이 반드시 명심할 필요가 있다.

어떠한 일이든지 마지못해 하는 것이 아니라, 자기 나름대로 흥미를 발견하려고 노력하는 것으로 일을 '좋아함'으로 전환할 수 있다. 일이 좋아지게 되면 하루하루가 즐겁고, 그렇기 때문에 일이 재미있어진다. 이 순환으로 인해 사람은 성장하는 것이다.

부서의 성공을 자기 혼자의 힘이라고 믿는 사람
팀플레이보다 중요한 것이 있다

"모든 게 내 공적이야."

이렇게까지 말하는 사람은 우선 없겠지만, 이 정도 배짱은 가지고 싶은 게 솔직한 심정이다.

동료들에게서는 반감을 살지 모르겠지만, 이런 유형은 성장한다. 앞으로 올 시대에 회사가 요구하는 사원은 서로 비슷한 의식을 지닌 타협하는 인간이 아니라, 자기를 표현하여 성과를 올릴 수 있는 사람이기 때문이다. 회사는 자주 야구와 비교되곤 한다. 팀플레이이긴 하지만 야구팀은 개개인의 능력이 모인 집합체. 회사의 부서도 개개인의 능력이 모인 집합체. 그렇기 때문에 더욱 자기표현이 중요하다.

전에 이런 일이 있었다.

모 대기업 사장이 어떤 개인상을 받아 그것을 축하하기 위한 수상 기념 파티가 열렸다. 나도 그 자리에 참석했는데, 그 사장의 인사말이 마음에 걸렸다. 감사의 변을 펴는 자리에서 그 사장은 몇 번이고 "우리 회사 종업원 몇 만 명이 열심히 일해준 덕분에, 제가 수상하는 영광을 누릴 수 있었습니다"는 말을 반복한 것이다.

의례로 사원을 내세우는 것은 한 번이면 족하다. 두 번까지는 어떻게든 참아보도록 하자. 그런데 세 번, 네 번씩 '몇 만 사원 덕분'이라고 반복하자 은근히 화가 치밀었다.

단체상이라면 그럴 수도 있겠지만, 이것은 개인상이다. 물론 몇 만 명의 뒷받침이 있었을 테지만, 사장이 개인 자격으로 받은 상이다. "솔직히 기뻐하지도 못하는가!"하는 말이 목가지 차올랐지만 꾹 참을 수밖에 없었다.

일 잘하는 사람이란 이 사장과 반대되는 의견을 말할 수 있는 사람이다. 극단적으로 말하면, 몇 만 사원이 단체상을 수상할 때, "사실은 저 한사람의 힘이 크게 공헌했기에 수상까지 갈 수 있었던 것입니다"고 당당하게, 그리고 주눅 든 표정 없이 연설할 수 있는 사람이 성장할 수 있다.

예스맨을 곁에 두고 싶어하는 사람
부하의 눈과 귀는 이렇게 사용하라

예스맨이라는 건 상사의 처지에서 볼 때 기분이 좋은 게 사실이다.

내 경험에서 볼 때도 그렇다. 부하에게 의견을 묻는데, "그건 안 돼요"라는 식으로 얼굴을 잔뜩 찌푸리기보다는

"야, 역시 회장님이시네요. 좋은 생각이군요"라고 맞장구쳐주는 부하에게 더 애정이 간다. 핑계가 아니라 이런 게 인지상정이다.

그런데 기분이 좋다고 예스맨들만 주위에 두게 되면, 어느 순간에 '벌거벗은 임금님' 꼴이 되고 만다. 분명히 틀린 의견인데도 바르다고 생각하게끔 되는 것이다. 그래서 예스맨만을 옆에 두려는 사람은 그 능력에 물음표가 따른다.

능력 있는 사람은 사사로운 정을 억누르고 주위에 예스맨들만 두지 않으려고 조심한다. 그러기 위해서는 평소에 부하가 부담 없이 의견을 말할 수 있는 분위기를 만들어둔다. 찬성하는 의견이 있으면 반대도 있는 법. 유용한 의견이 있는가 하면, 쓸모없는 것도 있다. 그렇지만 그것으로 족하다. 부하라고 하는 수많은 눈과 귀를 활용하는 것은 큰 실패로부터 자신을 보호하는 위기관리로 이어지기 때문이다.

그러면 부하가 말하기 편한 분위기를 어떻게 연출할 것인가?

예를 들어 회의석상에서 스스로 나서서 말을 걸어본다.

"이런 걸 해볼까 하는데, 어떤가?"

이렇게 이야기를 가볍게 이쪽에서 풀어가다 보면, 어느새 부하 쪽에서 다가오게 된다. 또한 자신의 약한 모습을 일부러 보여주는 것도 좋을 듯싶다. 가령 "요전에 부장님께 꾸중을 들었다네"라며 실마리를 풀어 분위기를 부드럽게 만들고서, 그때부터 부하의 의견을 구한다.

어떻든 간에 부하는 "이런 말을 해서 괜히 바보 취급당하는 건 아닐까? 상사가 기분이 상하지는 않을까?" 하는 생각들로 늘 신경을 쓰게 마련이다. 그런 생각이 입을 무겁게 하는 원인 가운데 하나인데, 상사는 마음을 열고 그런 생각을 풀어주면 그만이다.

상사의 태도에 기분이 좌지우지되는 사람
자기 의견이 통할 때를 읽어라

부하인 처지에 상사의 얼굴빛을 살피지 않고서 어떻게 출세할 수 있겠는가?

농담이 아니라, 상사의 기분이 좋고 나쁨을 잘 관찰한 뒤 제언을 해서 허가를 따낼 필요가 있다.

아첨하라는 의미가 아니라, 예를 들어 상사가 기분이 별로 좋지 않은데도 굳이 기획안을 가져가는 짓은 하지 말라는 것이다. 일 잘하는 사람은 자신의 의견을 관철하기 위해서라면 상사의 기분 상태를 살펴가면서 일을 진행할 수 있는 사람이다.

곧, 앞으로 자신이 취할 행동이 스스로에게 유리한가 불리한가, 나아가 그 행동의 결과가 회사에 플러스인지 마이너스인지 판단해야만 한다는 점이 비즈니스에서 중요하다는 말이다. 그렇기 때문에 일 잘하는 사람은 상사의 태도와 기분에 따라 자신의 태도부터 스스로 조절한다.

또한 상사에게 꾸지람을 듣고 풀이 죽어서는 안 된다. 먼저 질책당하지 않도록 상사를 유도하는 것이 필요하다. 반대로 칭찬받아 몸둘 바를 모르고 들떠서도 안 된다. 칭찬받았을 때는 좀더 냉정해져서, 최종 목표에 이르는 지름길을 생각해야만 한다.

그리고 자기 존재를 확실하게 만들려고 노력한다. "이 사람이 없어지면 난 큰 손해를 보겠지"하는 생각이 들 만한 부하가 되는 것이다. 그러기위해서는 평상시부터 상사의 일을 냉정하게 관찰하고, 이때다 싶을 때 가장 적절한 의견을 펴 수 있게끔 해야 한다.

a good worker
not a good worker

7

이런 견해를 가진 사람

비즈니스는 결과가 모든 것으로, 과정은 묻지 않는다. 다만 왜 실패했는지 그 과정을 분석하면 분명히 성공하기 위한 수많은 노하우를 얻을 수 있다. 이처럼 실패를 자신의 '재산'으로 삼을 수 있는 사람이 일 잘하는 사람이다. 결과만이 전부라고 단정 짓고 실패의 과정을 고려하지 않는다면 일을 잘할 수 없다. 우연한 성공은 있어도 우연한 실패는 없는 셈이다.

일 잘하는 사람 일 못하는 사람

감점주의자, 가점주의자

여유가 없으면 모험하지 않는다, 모험하지 않으면 성공도 없다

 일에 어느 정도 실수가 있었는가. 지금까지 일본 기업은 대부분 사원에 대한 평가를 실패가 많고 적음에 따라서 했다.

 관료 세계가 좋은 본보기인데, 한 번이라도 실패하게 되면 거기서 끝이다. 그래서 무엇보다 실수를 하지 않는 게 중요하며, 성과를 내는 것은 두 번째 문제가 된다. 실수의 횟수로 평가가 정해진다. 그것이 감점주의로, 일본형 경영의 전형이었다.

 이에 비해 서구형 경영은 성과 수치에 따라 평가하는 가점주의(加點主義)다. 성공 체험을 하루라도 빨리 맛보게 하고 싶어서, 상사는 더욱 더 부하를 끌어당긴다. 부하에게 성공 체험을 많이 쌓도록 하는 것은 자신에게도 유리한 이점으로 되돌아오기 때문이다.

 앞으로 일본 기업은 싫어도 어쩔 수 없이 서구형 경영

으로 변하지 않으면 안 된다. 곧, 감점법에서 가감법으로 전환해야 한다. 감점주의 인간은 아무리 일에 전력을 기울여 몰두하더라도, 새로운 시대 흐름을 따라가기가 힘들어질지 모른다.

가점주의가 되었을 때 크게 다른 점은 패자부활의 기회가 생긴다는 것이다. 최종적으로 실패를 훨씬 넘어서는 결과를 올리면 그만이기 때문에 실패를 경험으로 살림으로써 그만큼 도전할 기회는 얼마든지 주어진다.

그렇지만 일본의 기업풍토는 아직도 감점주의가 주류를 이룬다.

감점주의로는 벤처 비즈니스가 살아남을 수 없다. 지금까지 일본은 벤처 비즈니스의 볼모지로 여겨져 왔는데, 가장 큰 원인은 바로 여기에 있다. 벤처 비즈니스는 제대로 맞아떨어지면 한 번에 크게 벌 수 있지만, 대신에 그만큼 위험부담도 크다. 고위험 고수익(High Risk High Return)이 숙명이다.

도산하는 회사도 적지 않은데, 일본에서는 도산하게 되면 거기서 끝이다. 채권자는 경영자를 범죄자 취급하며 욕설을 퍼붓고, 채권 보전과 회수를 위해서만 정신없이 뛰어다닌다. 경영자에게 패자부활의 기회를 준다는 것은 우선 있을 수 없다. 그렇기 때문에 벤처 기업이 자라나지 못한다.

그런데 미국의 경우는 다르다.

채권자도 투자에 위험 부담이 따른다는 것을 잘 알고, 도산한 경우에도 일본처럼 히스테리 증세까지 보이지는 않는다. "이 일로 그 녀석도 좋은 공부를 했을 테지. 시간이 좀 지난 뒤에 한 번 더 맡겨볼까" 하는 식이다.

하지만 다음에도 실패했다고 치자. 일본이라면 사장이 '교수형감' 일텐데, 서구의 사장은 다르다. "이정도 실패한 덕분에 노하우가 많이 생겼다. 이번에는 절대로 실패하지 않는다"고, 줄 서 있는 투자가들 앞에서 당당하게 열변을 토한다. 이러한 기업풍토가 지금의 미국을 떠받치고 있다.

감점주의로 엄격하게 일에 매달리는 사람에게는 이런 여유가 없다. 여유가 없기 때문에 모험을 하지 않는다. 모험을 하지 않는다면 성공도 없다. 악순환이다. 감점주의 시대에는 선제점을 빼앗긴 그 지점에서 패하고 만다. 역전이라고 하는 발상 자체가 없기 때문이다.

그러나 가점주의 시대는 선제점을 빼앗겨도 뒤집어엎으면 된다고 생각한다. 아니, 게임 오버로 시합에 졌다고 하더라도, 다음 시합에서 이기면 그만이라고 생각한다. 일본 기업에서도 사원이 서구처럼 가점주의로 평가받는 시대가 눈앞까지 다가오고 있다.

운과 불운으로 일을 생각하는 사람
승리의 운을 잡는 사람에게 공통되는 것

호리바 제작소 달력에는 길흉을 점치는 로쿠요(六曜, 음양오행설과 민간력에서 길흉의 기준으로 삼는 날. 일본 달력에는 대부분 표시되어 있다 : 역자 주)가 표시되어 있지 않다. 분석기라는 제품으로 과학의 최첨단을 달리는 회사에는 어울리지 않는다는 의견이 많기 때문이다.

하지만 나는 로쿠요는 예외로 치더라도 운이라는 존재를 부정하지는 않는다.

운은 있다고 생각한다. 노력한 만큼 성과가 나온다면 인생은 편하다. 노력에 성과가 비례하지 않기 때문에 골머리를 앓는 것이다.

예를 들어 가수일 경우 두 배 더 노력을 기울였다고 해서 음반이 두 배 팔린다고는 장담할 수 없다. 작가 지망생 청년이 밤에도 자지 않고 다른 사람의 세 배나 되는 원고를 썼다고 해서 유명 작가가 된다고는 할 수 없다. 오히려 고생만 죽도록 하고 별다른 결과를 못 내는 경우가 허다하다.

성과는 노력에 비례하지 않는다. 이것이 현실이다. 그래서 '운'이라는 게 머릿속을 떠나지 않는 것이다.

나도 지금까지 반평생을 되돌아보면 운 덕분이라고 생

각되는 일이 얼마든지 있다. 그래도 운에 의지해서 빈둥빈둥 지내지는 않는다. 운이야 어찌 되었든 다른 사람보다 배나 되는 노력을 해왔다고 자부한다.

그렇기 때문에 운에 관해서는 이렇게 생각한다.

"운은 노력한 다음에야 존재한다. 그래서 그것을 손에 넣을 수 있는 자는 노력한 사람뿐이다."

운을 믿어서 성공한다면, "정어리 대가리도 믿기 나름(하찮은 것이라도 믿으면 존귀하게 느껴진다는 뜻의 일본 속담 : 역자 주)"이라는 말처럼 손이 발이 되도록 싹싹 빌겠다.

그러나 자신의 노력만을 믿으며, 운은 덤이라고 생각해야 한다. 인생을 믿음이나 운에 맡긴다면 미래가 너무나도 불확실해지기 때문이다.

성공하거나 실패하더라도 책임은 모두 자신에게 있다는 강한 자부심을 지닌 사람은 반드시 큰일을 하게 된다.

반대로 매사를 운이 있느냐 없느냐 따지는 게 버릇이 된 사람은, 노력을 회피하는 경향이 강하다. 그래서는 일을 잘할 수 없다.

문제가 있으면 자력으로 해결하려는 사람
최선책은 이것밖에 없다

거래처인 E사의 사장이 호리바 제작소에 납품한 기계에 결함이 있었다고, 내게 사과 전화를 걸어온 일이 있다.

"죄송합니다. 잘못은 전부 제게 있습니다. 확실히 책임을 지도록 할테니, 어떻게 한 번 조용히 수습해주실 수 없습니까?"

상대편에서 클레임을 걸기 전에 사장이 먼저 머리를 숙여 잘못을 빌어온 것이다.

나로서도 굽히지 않을 수 없었다.

"저쪽 사장이 확실히 수습하겠다고 했으니까, 더 몰아붙일 필요야 없겠지."

부하에게 이렇게 밝히고 일단 매듭을 지었다. 이것이 인연이 되어, 나는 E사 사장과 우호관계가 더욱 굳어졌다.

만약 이와 정반대로 처리과정을 밟았다면 어떻게 되었을까?

기계에 문제가 발생하고, 조사하는 과정에서 E사에 결함이 있는 것이 밝혀졌다. 그렇지만 그쪽 담당자는 우물쭈물하며 좀처럼 사과하러 오지 않고…. 이렇게 된다면 나는 E사 사장에게 화를 낸다.

"당신 회사, 뭐야! 이런 문제를 일으켜놓고도, 보고하러 오지 않을 건가? 우리 쪽을 그렇게 가볍게 생각했단 말이지. 이제 거래 중지야!"

같은 문제라도 선수를 치고 사죄한다면 별일 없이 끝날 수 있는 걸, 마음이 무거워서 하루하루 미루다보면, 결국은 되돌릴 수 없는 사태로 발전하게 된다.

문제를 일으켜도 어느 단계까지 자기 힘으로 해결하려는 사람은 언뜻 책임감이 강한 것 같지만, 실은 그렇지 못하다. 어떻게 하면 자신이 충격을 덜 받고 끝낼 수 있을까 줄곧 생각한 나머지, 상사에게 보고할 기회를 놓쳐버리고만 것에 지나지 않다.

자신은 그렇게 생각하지 않는다고 하더라도, 결국 "어떻게 해결할까"가 아니라, "어떻게 변명할까"를 궁리하고 있었던 것이다. 이런 경우 자기가 생각하는 것보다 훨씬 빠른 단계에서 문제가 될 때가 많아, 결국 진퇴양난에 빠지게 된다.

일 잘하는 사람은 문제를 일으켰을 때 바로 직속 상사에게 상황을 보고한다. 곧, 상사에게 책임을 떠넘기는 것이다.

보고받은 이상 상사에게도 연대책임이 있다. 그렇기 때문에 필사적으로 해결을 시도한다. 문제를 일으킨 장본인은 상사를 화살막이로 세워놓고 가만히 지시를 따르기만 하면 된다.

일과 사적인 시간을 확실히 나누는 사람
공사혼동이 가능한 사람은 일도 잘한다

'다섯 시부터 남자'라는 말이 유행한 적이 있다. 건강음료 광고였다고 기억하는데, '다섯 시'란 회사 퇴근시간으로, 사원의 처지에서 보면 '다섯 시까지가 일, 다섯 시부터가 자유'라는 콘셉트로 제작되었다고 한다.

이 광고가 좋은 반응을 얻은 배경에는 일과 개개인의 사생활을 확실히 나눠 생각하는 사람이 많아졌다는 점도 있을 것이다. 거기에는 일을 '괴로운 것'으로 여기고, 개인 사생활을 '즐거운 것'으로 여기는 발상이 있는 듯하다. 힘든 일에서 해방된 개인이 사적인 시간만은 회사의 방해를 받지 않고 자유롭게 즐기고 싶다는 뜻이다.

이러한 생활방식에 사람들은 대부분 찬성할 듯하다. 인생은 즐겁고 의미 있게 살 필요가 있다고 생각하기 때문이다.

그래서 나도 처음에는 '다섯 시부터 남자'에 공감했다.

그런데 곰곰이 생각해보니까 나는 '다섯 시부터' 보다는 일을 할 때가 더 즐겁다는 생각이 들었다. '아침부터 남자'인 셈이다. 일도 '즐거운 것', 개인 사생활도 '즐거운 것'이다.

어떤 간부에게 물으니, "일과 사생활을 나누는 것 자체가 낡은 생각이 아닐까요?"하고 말했다. 그는 한잔 마시고 나서 아이디어가 번뜩일 때면 빨리 회사에 나가고 싶어서 좀이 쑤실 지경이라고 한다. 사생활이 즐겁다면 일도 즐겁다는 것이다.

이러한 의식은 일 잘하는 사람들에게는 공통된다.

일은 일, 사생활은 사생활이라고 분명히 나눠 생각하는 방식을 원칙적으로는 이해한다. 그렇지만 앞에서도 말했듯이 사람은 아날로그 생명체이다. 디지털처럼 다섯 시를 넘으면 딱 잘라 바뀔 수 있는 게 아니다. 아날로그 인간을 디지털식으로 조정하려면 무리가 생긴다. 오히려 그것이 문제라고 생각한다.

그리고 무엇보다도 이것저것 이유를 늘어놓지 않더라도 일이 즐거우면 인생이 행복하지 않은가? 인생의 3분의 1, 혹은 성인이 된 뒤를 유효시간으로 치면 3분의 2를 차지하고 있는 직장생활을 '괴로운 것'으로 여기고 마지못해서 지낸다는 건 나로서는 도저히 참을 수 없는 일이다.

잔업을 자주 하는 사람

시간과 일의 질·양이 비례하는 사람, 비례하지 않는 사람

호리바 제작소 사원은 잔업을 자주 한다. 일이 끝나는 시간은 오후 5시 15분이지만, 정시에 퇴근하는 사람은 많지 않다.

잔업은 대개 30대 중견사원이, 매월 스무 시간을 전후해서 하는 경우가 많다. 개발부 같은 데서는 그 배에 가까운 시간을 잔업에 쏟는 이도 있다. 물론 업무량이 많아서 결과적으로 잔업을 해야만 하는 사례가 대부분이겠지만, 잔업하는 것 자체는 결코 칭찬받을 만한 일이 못 된다.

하물며 잔업하는 것을 당연하게 여기고, 언제까지나 건성건성 일하는 사람은 논외다. 무엇보다도 일을 잘할 수 있는 유형이 전혀 아니다.

대개 일은 시간을 기울인다고 해서 질과 양이 향상되지 않는다. 분명히 벨트 컨베이어 라인과 같은 단순작업일 경우에는 다섯 시간 일하던 것을 열 시간으로 늘리면 업무량은 그대로 배가 된다.

그러나 머리를 사용하는 지적 노동인 경우 시간과 일의 질, 양은 당연히 비례하지 않는다. 무능한 사람이 100시간을 들여 하는 일이 우수한 사람의 한 시간 작업량에도 미

치지 못하는 것이다.

　조금 지나친 표현일지 모르겠지만, 일을 못하는 사람은 아무리 시간을 들여도 좋은 안건을 내놓지 못한다. 뒤집어 말하면, 명안을 내놓지 못하기 때문에 언제까지나 회사에만 틀어박혀 있는 것이다.

　예를 들어 수학 지식이 전혀 없는 사람은 1년이 걸려도 어려운 미분 방정식을 풀 수 없지만, 미적분을 확실히 이해하고 있는 사람이라면 10분 만에 풀지도 모른다. 그와 같은 이치다.

　회사는 사원들의 노동시간에 대해서가 아니라 일의 성과에 대해 급료를 지불한다. 그 부분을 잘못 아는 사람이 참으로 많다. 회사가 사원의 성과를 기대하고, 성과에 대해 보수를 지불하는 이상, 잔업시간의 길고 짧음을 가지고 그 사람의 능력을 논하는 것은 그 자체가 무의미한 일이다.

　회사란 비즈니스 무대, 말하자면 주목받는 무대이다. 화려한 무대란 기본적으로 지금까지 연습해온 성과를 사람들에게 보여주는 곳이다. 그렇게 주목받는 자리에서 당연한 듯 일을 질질 끌며 잔업하는 사람은 스스로 형편없는 '배우'라는 걸 상사와 동료라는 관객에게 드러내는 것과 같다.

동료의식이 강한 사람
'모난 돌'이 되려는 사람이 회사에서 성장한다

요즘 젊은 사원, 특히 20대는 동료의식이 너무 강하다. 그런 현상이 반드시 좋다고만은 할 수 없다. '모난 돌'이 되어, 동료들에게 따돌림 당하기 싫어하는 경우도 적지 않은 듯하다.

이런 사람은 절대로 성장하지 못한다. 왜냐하면 회사는 개개인들이 벌이는 경쟁의 장이기도 하기 때문이다. 개인들이 경쟁하는 조건에서 집단에 소속된 전원이 함께 성장한다는 건 절대로 있을 수 없다.

그렇기 때문에 쓸데없는 동료의식에 끌려다니지 않고, 그것을 떨쳐버릴 수 있는 마음가짐이 중요하다. '모난 돌'을 목표로 하는 사람만이 회사 내에서 성장할 수 있다.

사원으로서 성장할 수 있는가 없는가 하는 중요한 고비는 30대이다.

장차 회사를 짊어지고 가는 쪽에 들 것인가, 아니면 회사에 겨우 대롱대롱 매달린 채 살아남는 쪽에 들 것인가는 30대에 하나의 시련으로 다가온다.

비즈니스맨으로서 반평생을 크게 나눠보면, 20대는 신입사원으로서 일을 배우고, 30대는 그것을 살려서 자기만의 비즈니스 스타일을 확립해나가는 시기다. 그리고 40대 이후는 분야별, 조직별 지휘자로서 부하를 통솔하여 업적을 늘려나가는 시기가 된다.

이렇게 보면 30대는 체력도 있고, 희망도 있으며, 개인으로서도 최고로 물이 오른 시기라는 것을 알 수 있다. 크고 작은 실수들은 일에 대한 정열로 훌훌 털어버릴 수 있는 나이다.

그런데 최근 이 30대를 보면 활력 있는 모습을 좀처럼 발견하기 힘들다. 회의를 열면 한눈에 알 수 있는데, 묵묵히 입을 닫고 있어서 "찬성하는 건가 반대하는 건가, 자네는 도대체 어느 쪽인가?"하고 호통을 치고 싶어진다. 그렇다고 해서 의욕이 없는 것과는 좀 다르다. 자기주장을 하는 훈련이 부족해서라는 생각이 든다.

이런 상황은 유독 우리 회사만이 아니라, 다른 회사에서도 공통되는 듯했다. 왜일까 하는 의문을 줄곧 가졌다. 그런데 어느 날 그들 30대와 잡담을 하다가 문득 깨달았다.

30대의 처지에서 볼 때 상사가 나쁜 의미로 본보기가 되지는 않았나 하는 생각이다. 끊임없는 경쟁에 이리저리 쫓겨 맹목적으로 살아남게 된 상사를 보고, 이런 식보다는 좀더 편하게 사는 다른 방법도 있지 않을까 생각하다가 30대가 되지는 않았는지. "수레를 끄는 말만이 말은 아니다"는 것이다.

그렇게 세대간 의식을 비교해보면, 각 세대에서 지금 해야 할 일이 보인다.

30대 사원은 헐렁헐렁 지내다가는 후배에게 발목 잡혀 젖혀지는 꼴이 되고 만다. 술집에서 사는 보람을 논할 때가 아니다.

한편, 20대 사원은 선배를 따라잡을 수 있는 절호의 기회다. 그러기 위한 적절한 무대가 회의이며, 각 부서에서 열리는 미팅이다. 당당히 의견을 펴고, 자신을 어필하면 길은 저절로 열릴 게 분명하다.

결과가 전부라고 생각하는 사람
'우연한 성공'은 있어도 '우연한 실패'는 없다

우연히 성공하는 경우는 있어도 우연히 실패하는 경우는 없다. 실패하는 데는 반드시 그럴 만한 원인이 있다.

앞에서도 약간 다루었듯이 비즈니스는 결과가 모든 것으로, 과정은 묻지 않는다. 다만 왜 실패했는지 그 과정을 분석하면 분명히 성공하기 위한 수많은 노하우를 얻을 수 있다. 왜 실패했는지 분석하지 않는다면 게으름을 피운다고 봐야 한다.

이처럼 실패를 자신의 '재산'으로 삼을 수 있는 사람이 일 잘하는 사람이다. 반대로 '주사위 게임처럼 던져서 나오는 숫자로 승패를 가리는 감각'으로 일하는 사람은 과정을 분석하지 않기 때문에 같은 실패를 계속 반복한다. 결과만이 전부라고 단정 짓고, 실패의 과정을 고려하지 않는 사람은 일을 잘할 수 없다.

골프에 비유해 생각해봐도 좋을 듯하다.

예를 들어 골프 경력이라고는 두세 차례 스윙한 것이 전부인 초보자가 갑자기 코스에 나가 스코어 45를 훨씬 넘는 성적을 올린다는 게 있을 수 없는 것과 마찬가지다. 산더미처럼 쌓인 실패라는 '재산'을 살려서 실력을 늘려야 한다.

물론 타이거 우즈처럼 어렸을 때부터 골프를 시작해 별안간 스코어 40대를 넘어서는 사람도 있지만, 그와 같은 예는 10만이나 100만 명 중에 한 사람이다. 어떤 쪽이라도 참으로 보기 드문 예에 불과하다.

무슨 일이든지 처음부터 능숙하게 해내는 경우는 거의 없다.

골프 초보자가 스코어 45를 웃돌기 위해서는 지금부터 상당히 오랜 시간이 걸리는 것과 같다. 바꿔 말하면 실패가 있는 만큼 장차 어떤 골퍼로 자랄지가 즐거움이 된다.

▎큰일에는 위험이 따르기 마련이라고 생각하는 사람
▎일에 미학을 끌어대지 마라

프로야구를 보자면, 홈런일지 삼진일지 자주 궁금해지는 '대포 한 방형' 타자가 나온다. 언제 홈런이 터질지 모르는 스릴이 있어서일까 인기 있는 선수가 많은 듯하다.

다만 홈런일지 삼진일지가 통하는 데는 어디까지나 쇼비즈니스 세계이고, 일반 비즈니스 세계에서 그렇게 하다가는 곤란하다.

내가 이렇게 말하는 이유는 늘 '전부든지 아무것도 없든지(All or Nothing)' 형으로 잔뜩 멋을 부리는 사원이 적지 않기 때문이다. 이런 사람은 우선 일을 잘 못한다. 왜냐하면, 자기만족에 빠진 경우가 많기 때문이다.

예를 들어 본인은 큰 무대에서 홈런을 쳤다는 생각에 승리 자세를 취하지만, 밖에서 보면 겨우 동네야구 수준인 경기에서 활약한 것에 지나지 않을 때가 많다.

일 잘하는 사람은 언제나 전체를 보며 일한다.

주위 사람과 자신의 능력 차이를 계속 재어가며, 자신이 그들보다 뒤처지는 부분은 어떻게 하면 좋을지를 늘 생각한다.

그것도 막연히 그러는 게 아니라, 경쟁자들의 업무와 질을 자기 것과 비교해서 어느 쪽이 회사에 더 공헌하는지를 평가한다. 지고 있다면 다음날 뒤집어엎을 수 있을 만큼 노력한다.

이렇게 하루하루가 차곡차곡 쌓여, 언젠가는 밑받침이 되어 크게 성장하는 것이다.

최악의 상황이 된다고 생각하는 사람
당연히 팔려야 할 물건이 전혀 팔리지 않을 경우

패스트푸드점에는 1만 5,000항목에 달하는 매뉴얼이 있다고 한다. 인사하는 방법부터 주문을 받는 방법, 손님의 질문에 대답하는 방법 등, 모든 상황을 미리 예상한 매뉴얼이 만들어져 있다.

그런데 전에 읽은 한 에세이에서 정확하지 않지만 이런 얘기가 씌어 있었다.

"패스트푸드점에서 있었던 일이다. 다 먹고서 엄마랑 밖으로 나가던 어린아이가 창 너머로 여자 종업원에게 웃음 지으며 '안녕!' 하고 손을 흔들었다. 그런데 그 종업원은 눈을 마주쳤는데도 무시했다. 가게 안에서 '어서 오세요' 말하며 어린아이에게 보여주었던 웃음은 무엇이란 말인가? 아마도 어린아이가 '안녕!' 하는 인사에 대해선 매뉴얼이 없었던 것으로 보인다."

아무리 훌륭한 매뉴얼이라도 돌발 사태에 전부 대응할 수는 없는 법이다.

일이란 좋은 쪽으로든 나쁜 쪽으로든 이쪽의 예상을 저버리고 매순간 변화하는 '살아 있는 생명체'라고 말해도 좋을 듯하다.

면밀한 조사를 근거로 팔릴 것이라고 확신을 가지고서 선보인 제품이 부진하기도 하며, 설마 생각했던 것이 히트 상품이 되기도 하는 것처럼 생각대로 되어주지 않는 것이 일이다.

극단적으로 말하면 모든 것이 돌발사태다.

그리고 생각과 달리 최악의 상황이 발생할 경우, 믿음직하다고 기대했던 사람이 생각만큼 기대에 못 미치기도 하고, 전혀 기대하지 않았던 사람이 이외의 힘을 발휘하는 예도 있다. 그렇다면 이 차이는 어디에서 나올까?

지위에서 나오는 것은 아니다. 위기관리가 되는 사람과 전혀 되지 않는 사람의 차이다.

업무의 본질을 이해한다면 최악의 상황이 발생했을 때 지금 가장 먼저 해야 할 일이 무엇인가 자연스레 눈에 보인다.

이제 와서 굳이 설명할 것까지는 없겠지만, 위기관리라는 건 기업 활동에 따르는 각종 위험을 최소한으로 막아내는 관리활동을 뜻한다. 한마디로 돌발사태가 일어났을 때의 대처법인데, 위험관리 매뉴얼을 만들었다고 해서 그것으로 끝나는 문제가 아니다.

위험관리 매뉴얼에 게재된 그 시점에, 위험은 벌써 위험이 아니다. 매뉴얼 밖의 문제가 일어나기 때문에 혼란에 빠지는 것이다. 그렇기 때문에 위험관리 매뉴얼을 완전히 파악하는 것처럼 보이는 사람일수록 최악의 상황에서 전혀 미덥지 못한 경우가 많다.

비상사태에 직면했을 때 문제점을 좀더 빨리 분석해서 가장 좋은 대응책을 생각하는 것, 이것이 진정한 위기관리다. 그러기 위해서는 평소부터 모든 상황과 경우를 예상해서 업무에 임하는 자세가 필요하며, 동시에 그 일의 본질을 이해하는 것이 중요하다.

매뉴얼 인간이 돌발 사태에 약한 것은 당연한 일이다.

a good worker
not a good worker

a good worker
not a good worker

8

이런 가치관을 가진 사람

자신의 일이 삶의 보람인 이상, 거기에 자기 가치관이 없다면 일도 존재할 수 없다. 특히 리더가 되는 사람은 자기 인생관을 항상 밝혀둘 의무가 있다. "이것이 일에 대한 내 가치관입니다. 이런 신념으로 일합니다." 비즈니스에는 반드시 철학이 있어야 한다.

일 잘하는 사람 일 못하는 사람

질보다 속도를 우선하는 사람
항상 두 가지 요구사항을 염두에 둔다!

현재 반도체업계의 경쟁은 격렬의 극치를 달리고 있다. 반도체업계를 가리켜 '기다림 없는 전쟁 상태'라고 말하는 사람도 있을 정도다. 그래서 반도체 제조업체의 수주를 받는 경우는 무엇보다도 '빠르기'가 승패의 갈림길이 된다.

예를 들어 반도체회사인 A사에서 호리바 제작소에 지금 당장 제품이 필요하다는 급한 주문이 들어왔다고 치자. 수준 높은 품질을 유지하기 위해서는 제조에 일주일이 걸린다. 그런데 그렇게 답변했다가는 그 자리에서 주문이 취소될 것이 뻔하다.

이런 경우는 질을 필요 이상 추구하지 말고 어떻게든 빨리 만드는 것이 승패의 관건이다. A사에서도 그것을 바란다. 극단적인 말을 빌리자면, 100점짜리 품질이 아니더라도 70점, 아니 60점이라도 상관없다. 다시 말해 질이 어느 정도 되기만 하면 상품을 시간 내에 맞춰내는 것이 무엇보다 중요하다.

이와는 반대로 시간과 비용을 충분히 들이더라도 상관하지 않을 테니 품질이 완벽한 상품을 납품해야 하는 업계도 있다.

곧, '빠르기'를 최우선으로 하는 시장과 '질'을 최우선으로 하는 시장 두 가지가 있는 것이다.

수요가 두 가지인 셈인데, 그것은 때와 장소에 따라서 변한다. 그런 것을 전혀 구별하지 못하고 어떤 일이든지 '질'보다 '빠르기'를 우선시하는 사람은 단지 착각하고 있을 뿐 큰일을 하지 못한다. 그 반대도 마찬가지다.

세간에는 이렇게 착각하고 있다고 여겨지는 사원이 적지 않다. 일이 빨리 끝났다고 하더라도 충분히 확인하지 않은 채 그대로 상사에게 보고하거나, 반대로 속도가 승부의 관건인데 되는 대로 있는 품과 시간을 전부 들여 일에 임하기도 한다. 한마디로 두 가지 요구를 꿰뚫는 눈이 아직 덜 익은 것이다.

쇠꼬리보다는 닭머리를 목표로 하는 사람
최고를 목표로 삼지 않는 사람에게 기대할 수 없다!

어떻든 인간으로 태어난 이상 아무리 작을지언정 한 나라, 한 성의 주인이 되고 싶다. 곧 "닭머리는 되더라도 쇠꼬리는 안 된다"는 기개다.

나는 남 밑에서 일하기보다는 리더가 되어 사람을 움직이는 데 인생의 충실함이 있다고 생각한다.

단, 섣부르게 생각하지 말기를 바란다. 한 나라, 한 성의 주인이라는 것은 굳이 회사를 그만두고 따로 독립하는 것만을 의미하지는 않는다. 사표를 내지 않고서도 한 나라, 한 성의 멋진 주인이 될 수 있다.

먼저 아무리 작은 분야라도 좋으니, 어쨌든 자기 자신이 거기서 최고가 되기를 노린다. 그러기 위해서 자기 안에 최고가 될 가능성이 있는지 필사적으로 찾아본다. 그것은 기획력일지도 모르고 판매력일지도 모른다. 더 나아가 부하와 후배들과 커뮤니케이션하는 능력일지도 모른다.

그리고 먼저 자기 부서 안에서 그 능력 면에서는 최고가 되는 것을 목표로 노력한다. 그것이 달성되면 다음은 회사 안에서 최고, 업계 안에서 최고 하는 식으로 점점 무대를 넓혀간다. 그렇게 하면 그 분야에서 한 나라, 한 성의 주인이 될 만한 힘을 가지는 것도 단지 허튼 꿈만은 아닐 것이다.

나도 호리바 제작소의 최종 목표를 업계에서 세계 1위가 되는 것에 두고 있다.

세계 1위는 굳이 회사의 규모를 가리키는 것이 아니다. 상품의 질이나 어느 상품의 판매를 세계 1위로 하는 것을 의미하는 말이다.

그 정도 포부를 가지지 않는다면 그 사원은 담당 업무에서 제외하고 싶다는 게 내 솔직한 마음이다.

세계 1위가 되려고 마음먹어도 쉽사리 될 수 있는 것이 아닌데 처음부터 세계 1위를 무리라고 생각한다면 과연 세계 1위가 될 수 있겠는가? 그런 생각으로는 2위, 3위 제품마저도 만들지 못할 게 분명하다.

'기업 내 기업가'라는 말을 자주 듣는다. 사원의 처지에서 신규 사업을 제안하여, 예산을 세우고 그 책임자로서 지휘력을 떨치는 사람도 적지 않다.

호리바 제작소에서는 '기업 내 기업가'를 모집하기 시작했다. 사내에 설치된 벤처 위원회에 자기가 하고 싶은 주제를 제안하여 승인받으면 보조금을 설정한다. 그리고 작품 하나가 완성될 것 같은 기미가 보이면, 독립할지 아니면 호리바 제작소 안에서 해나갈지를 결정하는 방식이다.

자기 월급과 남의 월급을 언제나 비교하는 사람
국제가격으로 자신의 연봉을 평가하라

당신은 자신의 급료에 만족하는가? 대부분 아니라고 대답할 것이다.

왜 불만인지 그 이유를 여기서 따져보고자 한다. 아마도 "다른 회사랑 비교해서 적다는 생각이 든다" 하는 정도로, 명확한 답변은 나오지 않을 것이다. 왜냐하면 급여가 높은지 낮은지 판단기준을 알지 못하기 때문이다.

경쟁상대가 급료를 얼마나 받는지 늘 신경 쓰는 사람도 그렇다. 이런 사람은 자신의 급료가 경쟁자보다 높은 것만이 중요한 일로, 급여가 자신의 능력에 비해서 높은지 낮은지는 미처 생각하지 못한다. 이래서는 안 된다.

자신의 노동 가치를 객관적으로 계산할 수 있다는 것은 자신의 능력을 객관적으로 평가할 수 있음을 뜻한다. 그렇기 때문에 자신의 급료와 다른 사람의 급료를 비교해서 웃다가 울다가 하는 사람은 일을 잘할 리가 없다.

자기 급여가 자신의 능력에 적절한지 아닌지를 알 수 있는 방법은 두 가지가 있다.

먼저 첫 번째는 좀 어려운 방법이다. 경영자의 관점에서 자기를 관찰하는 것이다. 이것은 경영효율을 뜻한다. 경영효율이라는 건 시간이 변수로, 100시간 걸릴 일을 50시간에 해내면, 단순계산으로 경비도 인건비도 모두 반으로 해결된다. 같은 경비와 인건비를 들인다면 생산량은 배에 달할 것이다.

그러한 관점에서 자신의 일과 생산성을 고려해 급료를 대략 계산하여 뽑아보자. 그러기 위해서는 자신이 화사에 미친 대체적인 이익과 회사의 부가가치 분배율을 알 필요가 있다. 호리바 제작소를 예로 들자면, 노동비(급료)는 부가가치의 50~60%이기에 그 이상 받는다면 그건 너무 받는 것이고, 반대로 50%를 밑돈다고 하면 과소평가일 수 있다. 이것이 한 가지 기준이 될 수 있을 것이다.

두 번째 방법은 자신의 급여가 국제가격에 맞는지 안 맞는지를 생각해보는 것이다. 예를 들어, 지금 회사에서 연봉 700만 엔(약 6만4000달러)을 받는 사람이 미국에 재취직할 경우 급여를 얼마 받을지 생각해 본다.

10만 달러(약 1,100만 엔)라도 받아낼 자신이 있다면, 지금 회사에서는 과소 평가받는 것이다. 그렇다면 결단을 내려 모험을 걸어도 좋다. 미국에 가는 것은 무리라고 쳐도, 국제가격에 통용될 정도로 자신감이 있다면 다른 회사에 다시 한 번 도전해보는 것도 좋을 것이다.

그런데 기껏해야 3만 달러(약 330만 엔)정도 실력이라고 판단되면, 누가 뭐라고 하든 지금의 회사에 있는 힘을 다해 열심히 근무하고 볼 일이다. 혹 해고당하기라도 하면 같은 수준의 급여로 재취직하기는 절망적이라고 판단해도 좋을 것이다.

국제화 시대란 제품 가격만이 아니라, 급여까지 국제가격으로 평가하는 것이 가능한 시대임을 뜻한다. 사내 경쟁자의 지갑에 정신을 빼앗길 게 아니라, 세계화한 관점에서 자기 자신을 보고 생각하는 훈련도 필요하다.

출세주의에 등 돌리는 사람
출세하고 싶지 않아도 출세하고 만다는 것

'출세주의'라는 말이 있다. 이기주의적인 어감이 강해 결코 칭찬하는 말투는 아니다. 출세하기 위해서라면 다른 사람을 차 넘어뜨리고, 영혼까지도 악마에게 팔아넘길 것 같은 인간을 떠올린다. 그래서 출세주의에는 등을 돌렸다는 얘기를 듣는 사람에게서는 뭔가 인간적이고 훌륭한 인상이 연상된다.

그런데, 정말 그럴까? 나는 다르다고 생각한다.

'출세주의에 등을 돌린다'는 말은 뒤처진 사원이 자기 변명으로 삼는 수사적 표현에 지나지 않다. 왜냐하면 유능한 사람은 옳고 그름에 상관없이 출세를 이루기 때문이다. 본인이 출세주의인지 아닌지 그 신조와는 관계없이 회사는 유능한 인간을 발탁한다. 그것이 회사에서 볼 때 플러스가 되기 때문이다.

출세라는 말에는 여러 가지 의미가 있다. 지위가 올라가는 것이 출세라면 세상에 이름이 알려지는 것도, 큰 부자가 되는 것도, 위대한 업적을 남기는 것도 출세다.

다만 출세의 본질이 무엇이냐고 질문을 받으면, 나는 '자기실현의 수단'이라고 답하고 싶다. 평사원보다 중역 쪽이 자신의 의견을 사내에서 펼치기 쉽다. 가난한 사람보다 부자 쪽이 꿈을 이루기 쉽다. '출세한다'는 것은 그런 것이라고 생각한다.

그래서 일에 꿈을 품은 사람이 출세를 바라보는 게 당연하다고 생각한다. 지위가 올라가면 그만큼 자신의 꿈에 가까워지는 것이다.

과장의 반대로 틀어진 기획안일지라도, 자신이 과장으로 출세하기만 하면 다시금 펼칠 수 있다. 중역에게 반대당한 프로젝트도 자기가 사장이 되면 지시명령을 내릴 수 있다. 그래서 출세를 자기실현의 수단이라고 하는 것이다.

출세주의에 등을 돌린 사원은 일에 꿈이 없는 인간이다. 나는 그렇게 생각한다.

자, 그렇다면 우리 호리바 제작소는 어떤가 하면, 글쎄 이게 영 신경 쓰인다.

출세에 관해서 다들 별 신경을 쓰지 않는다. 큰 회사는 부서에 따라서 출세가도가 있는 듯하지만, 우리 회사는 그런 것도 없는데다가 굳이 출세하지 않더라도 자신의 기획이나 희망을 제안할 수 있는 체질이기 때문인지 모르겠다.

내 처지에서 보자면, 그것이 지금 모자라는 한 부분이다.

회사에 친구가 없는 사람
감자밭에서 무 찾는 일은 하지 마라

친구가 필요하다면 회사를 그만두고 대학이라도 들어갈 일이다.

회사는 친목회가 아니다. 이윤추구라는 궁극의 목표를 향해 전 세계의 기업과 그곳의 사원들이 칼을 가는 아수라장이다. 동시에 회사는 사원들 사이에 치열한 경쟁의 장이기도 하다.

출세하면 보수라는 형태의 보상이 매일매일의 생활에 당장 돌아온다. 인생의 승리자가 되는 만족감이 있다. 명예도 얻을 수 있다. 회사는 이러한 '열매'를 친한 동료들 간에 나눠 갖는 자리가 아니라, 싸움장이라는 것을 먼저 인식해야 한다.

물론 출세 경쟁에 등 돌리고, 취미 세계에 빠져 친구와 함께 인생을 이야기하는 것도 나쁘지 않다. 나는 그러한 인생을 부정하지는 않는다. 그것은 개개인의 인생관 문제다. 다만, 회사에서 벗을 찾는 일이 뜻대로 이루어지지 않는다고 해서 고민한다면 경영자로서는 무척 곤란한 이야기라는 뜻이다.

친한 벗을 가졌다는 것은 멋진 일이다. 인생의 재산이다. 회사에 친구가 있다면 얼마나 좋겠는가. 단지, 거듭 밝히지만 회사라는 경쟁 세계에서 우정을 구하는 것은 잘못된 일이다. 친구의 출세를 위해서 당신은 어떤 수모라도 참아낼 수 있겠는가? 회사에 친구가 없다고 걱정하는 것은 감자밭에 가서 무를 찾는 것과 같다. 결국 근본적으로 '밭'이 다른 것이다.

일 잘하는 사람의 조건 가운데 하나인 '누구하고도 구별 없이 사귀는 사람'에 대해 앞에서 말했지만, '누구라도'란 그 안쪽을 뒤집어보면 '특정 인간', 곧 친구가 없다는 것을 뜻하기도 한다.

일보다 가정을 우선하는 사람
행복한 가정은 최후의 목표가 아니다

일과 가정 두 가지 모두를 완전히 양립하기란 불가능하다. 안타깝게도 이것이 진리라고 생각한다.

물론 가정을 중요시하는 것은 매우 훌륭한 일이다. 자식들이 열이 높아서 오전에 회사를 쉬고자 하는 사람은 다정하고 이해심이 깊은 아버지라고 생각한다.

그런데 회사라는 조직 속에서 생각해보면, 불행히도 그런 사람에게는 책임감 있는 일을 맡길 수가 없다. 일개 졸병에 불과하다면 도중에 빠지더라도 조직에 영향은 없다. 그렇지만 지휘관이 개인적인 이유로 전선을 이탈한다면 명령체계가 혼란에 빠지고, 조직의 틀도 결국 무너지고 말기 때문이다. 이렇게 된다면 회사가 힘들어진다.

그렇다고 해서 가정을 소홀히 하라는 말은 결코 아니다. 이때 균형을 취하기가 어려운데, 나는 가정은 '인프라'라고 생각한다.

경제를 발전시키기 위해서는 먼저 도로라든지 신호등과 같은 교통기반 설비가 필요한 것처럼 큰일을 하기 위해서는 그 전에 가정이라는 '인프라' 설비가 불가결하다. 웃음소리가 끊이지 않는 행복한 가정이 있다면, 집주인은 마음 놓고 일에 몰두할 수 있기 때문이다.

 단, '인프라'는 어디까지나 기반이지 목적은 아니다. 이것을 오해하지 말기 바란다. 도로를 만드는 것이 목적이 아니라 만들어진 도로를 효과적으로 활용하여 경제, 문화를 발전시키는 것이 목적이다.

 마찬가지로 행복한 가정을 만드는 데 목적이 있는 것이 아니라 그를 기반으로 삶의 보람이 있는 인생, 일하는 보람이 있는 인생을 보내는 것이 목적이다.

 일에 이렇다 할 목표가 없이, '인프라'인 가정을 제일로 치는 것이 마이 홈 파파다. 마이 홈 파파가 삶의 보람인 사람은 그 길을 줄곧 추구하면 된다. 중도 포기가 가장 좋지 않다. 그런 사람은 누구에게서도 존경받지 못한다.

 내 경우 일과 가정이 차지하는 비율을 시간으로 따져보면 대체로 10대 1의 관계인데, 그게 반대로 되어도 상관하지 않는다. 무엇을 우선할 것인가는 그 사람의 인생관 문제이기 때문이다. 그렇지만 회사라는 조직에서는 어쨌든 마이 홈 파파에게 책임감 있는 자리를 좀처럼 맡기기 힘든 것이 사실이다.

한 가지 사실은 마이 홈 파파이면서 출세한 사람은 없다는 것이다. 동시에 일을 잘할 수 있는 사람이 대부분 행복한 가정을 꾸리는 것도 사실이다.

자기 인생관을 금세 일에 갖고 오는 사람
밥 먹기 위한 일, 보람을 느끼기 위한 일

나는 일에 인생관을 철저하게 끌어넣는 사람이다.

자신의 일이 삶의 보람인 이상, 거기에 자기 가치관이 없다면 일도 존재할 수 없다. 비즈니스에는 반드시 철학이 있어야 한다. 특히 리더가 되는 사람은 자기 인생관을 항상 밝혀둘 의무가 있다.

"이것이 일에 대한 내 가치관입니다. 이런 신념으로 일합니다. 찬성이라면 따라와주고 반대라면 떠나주세요."

이렇게 공언하는 것이다. 자기가 옳다는 말이 아니라 '나는 이런 사고방식을 갖고 있다'고 표현하는 것이다. 이런 것 없이 단지 부하가 따라오기만 한다면 서로에게 불행한 일이 될 것이다.

유럽에서 처음 생긴 '닥터 오브 필로소피(Ph. D)'라는 명칭을 정식 번역해보면 철학박사가 된다. 그래서 이학박사, 의학박사라고 불리는 사람들은 기본적으로 모두 철학박사이며, 주로 이학이나 의학을 전문으로 연구했다는 뜻이다.

비즈니스도 마찬가지다.

'철학'이 없으면 안 되는 것이다. 그 증거로 오늘날 일본의 경제 상황을 보면 된다. 혼란의 원인은 정치경제계 책임자들이 '철학'을 갖지 않았다는 데 귀결된다.

일이 먹고살기 위한 것만이라면 일에 인생관은 필요 없다. 그러나 일을 삶의 보람으로 여긴다면 일에서 자신의 가치관이 자연히 생겨나오는 게 당연하다. 그렇지 않으면 일이 삶의 보람이 될 리가 없다.

속마음 따로 겉마음 따로인 사람
자신을 4등분하여 사용하라

'내 정체는 이러이러하다.'

이런 걸 생각한 적이 있을까? 여기서 독자 여러분도 자문자답해보면 좋겠다. 의뢰로 어려운 질문이란 걸 알 수 있다. '나'란 일상회화에서도 자주 사용하는 말이지만, 그 '정체'라는 걸 정작 도마 위에 올려놓고 보면 대답이 막히지는 않는가.

'나'란 뭔가 한 가지 인격만으로는 특징지을 수 없다. '나'에는 다음의 네 가지 인격이 있다고 생각한다.

하나는 완전히 사적인 자신. 주로 가정에서 자신이 갖는 모습이 이에 해당한다. 두 번째는 마을 주민이거나 그 마을 출신, 혹인 일본이라는 나라의 국민이라는 것과 같이 지역사회에 대한 자신. 세 번째는 직업에 대한 자신. 네 번째는 지구 생물의 한 종으로서 자신이다.

인간은 누구라도 이 네 가지 자신을 갖고 각각 처지에 따라 모두 인격이 달라진다. "저 녀석은 이중인격이야"라든가 "저 녀석은 겉과 속이 달라"하고 비난하지만 인간은 누구나 복수 인격을 갖는다. 어쩔 수 없는 일이다.

프랑스의 어느 철학자가 이런 말을 했다.

"현대인이란 수많은 정반대 요소를 안고 있다. 그것이 그로 하여금 현대인답게 한다."

인간은 본질적으로 정반대의 것을 함께 갖는, 곧 자기모순을 내재한 존재임을 간파한 것이다. 그런 관점에서 본다면 속마음과 겉마음, 즉 인격을 잘 나누어서 사용해야 가정생활도 회사생활도 원만하게 이루어진다.

위치가 올라갈수록 그만큼 처신할 세계가 넓어지기 때문에, 속마음과 겉마음을 잘 나눠 쓰는 능력이 더 필요하게 된다. 바꿔 말하면 이것을 잘 나눠 사용하지 못하는 사람은 일 못하는 사람이 된다.

애사정신이 강한 사람
신세기의 가치관 – '일 잘하는 사람'의 절대조건

앞으로 올 시대에는 조직을 위해서 자신을 희생한다는 식의 사고방식은 이미 통하지 않게 되었다. 회사에 맹목적 충성심을 맹세하거나 애사정신을 갖고 경쟁하는 것이 평가의 대상이 되던 시대는 이미 끝난 것이다.

왜냐하면 사원은 배우, 경영자는 감독, 그리고 회사는 무대에 지나지 않기 때문이다.

카네기홀이든 이름 없는 작은 지방극장이든 극장에 충성을 다짐하는 사람은 아마 한 명도 없을 것이다. 배우는 작품에 목숨을 건다. 극장이 '회사', 작품이 '일'이라면 설명이 될 것 같다. 회사에 대한 충성심이나 애사정신은 종신고용제 시대에 사원을 고무하기 위해 사용한 구호에 불과하다.

　감독, 곧 경영자의 처지에서는 작품, 예를 들어 셰익스피어를 연기한다고 할 때 그것에 대한 절대적인 충성심을 요구한다. 감독의 연출에는 절대복종이 필요하다. 따르지 않으면 배역에서 배제되어 버린다.

　반대로 배우는 감독에게 의견이 있다면 감독의 연출을 확실하게 소화해내고 감독의 평가를 얻은 후 말하면 된다. 그렇게 해서 감독과 배우가 신뢰관계를 맺어 호흡이 딱 맞게 되면 비로소 관객에게 감동을 주고 박수갈채를 받는 것이다.

　다시 말하지만 극장은 단순한 그릇에 지나지 않다.

　그래서 충성심을 맹세하는 것은 어리석은 짓이다. 그러나 같은 연기를 한다면 일류 무대를 선택하는 것은 당연하다. 쓰러져가는 판잣집보다는 음향효과나 조명 등 무대설비를 완비한 극장에서 연기하기가 좋은 것은 정해진 이치다.

　회사로 말하면 일류 기업이 그에 해당하는데 내가 말하는 일류 기업이란 규모가 크고 작음에 관계되는 것이 아니다. 높은 이념 아래 전 사원이 하나로 똘똘 뭉쳐 그 실현에 매진하는 회사를 말한다.

　가부키(歌舞伎, 에도 시대에 발달한 일본의 대표적인 전통

연극 : 역자 주) 배우가 자신이 좋아하는 극장에 대해 말할 때가 있다. 그들의 가치 기준이 되는 것은 극장의 크기도, 유명도도 아니다. "왠지 전체적인 분위기가 맘에 들어"라고 대답한다. 아마도 극장의 콘셉트와 자신의 가치관이 맞아떨어지기 때문이다. 그것이 회사로 말하면 사풍이다.

21세기에는 세계 경제에 국경이 없어진다. '세계의 상식'이 일본에 물밀 듯이 밀려들어올 것이다. 지금까지의 가치관이 붕괴되고 새로운 가치관을 창조하는 시대가 되는 것이다.

대기업에 근무하는 것은 이제까지는 안정된 지위였지만, 그 신화는 점차 붕괴되고 있다. 거품경제의 붕괴를 뼈아프게 경험하고 인간에게 행복이란 과연 무엇인가를 진지하게 생각했을 때, 대기업이라고 할지라도 회사는 단순한 그릇에 지나지 않는다는 본질이 좀더 많은 사람들에게 서서히 보이기 시작했기 때문일 것이다.

중요한 것은 '극장'이 아니라 '일'이다. 일을 통해서 자기실현을 하려는 것이 행복하게 사는 법이라는 인식을 사람들이 갖게 되었다고 생각한다.

이제는 "무엇을 위해 일하는가?" "왜 출세하고 싶은가?" "자신에게 행복은 무엇일까?" 이러한 질문에 대답하지 못하는 사람은 그것만으로도 남에게 뒤떨어질 것이다.

앞으로 올 시대에는 일에 대한 철학을 가지지 못한 사람은 목표도 없이 그저 사막을 헤매는 것과 같은 꼴이 될 것이다. 거꾸로 말하면 확고한 신념과 철학을 갖고 일에 임한다면 틀림없이 일 잘하는 사람이 될 수 있다.

| 옮긴이의 말 |

문화로 읽는 경제철학, 그 파장

여기 일본에 와서 무성영화처럼 정지된 일상을 살고 있다. 그만큼 일본은 변화가 없다. 아니, 변화를 거부한다. 10여 년 전과 같은 전철비와 버스 요금, 공중목욕탕 요금 그리고 빛이 바랜 좁은 거리들. 선진국에 살고 있는 국민이 누릴 수 있는 가장 큰 특권이 안정된 생활이라고 한다면, 일본은 거기에 하나를 더 보태어야만 한다. 만족하는 삶이 그것이다. 불만 없는 사람이 있을까 싶을 정도로 일본 사람들은 민방위훈련보다 더 질서정연하게 침묵하고, 잘 따른다. 모든 것이 숨 막힐 정도로 계산대로 움직이고 예정된 결과를 만든다.

그런 일본에 새로운 바람이 불기 시작했다. 거품경제가 무너지고, 종신고용제의 신념이 흔들리면서 은행황국의 신화는 허구임에 불과하다는 것을 깨닫기 시작한 것이다. 그런데도 일본에선 혁명이나 쿠데타가 일어날 조짐이 보이지 않는다. 다만, 키보드를 두드린 적도 없는 일본수상이 IT혁명을 외치고, 지방민간단체는 뒤늦은 인터넷 교육에 힘을 기울인다.

세계 1위의 광케이블 기반설비를 자랑하면서도 일본의 인터넷 속도는 한국을 따라잡지 못하고 있다. 실제로 컴퓨터가 없는 집이 태반이고, 인터넷을 해보지도 못한 인구가 상당하다.

그런데 우리는 어떠한가? 인구 비율 세계 최고의 인터넷 인구를 자랑한다. 문제는 여기서 그치지 않는다. 인터넷이라는 하드웨어에 담을 수 있는 소프트웨어가 문제이다.

호리바 제작소 회장의 외침은 바로 이 점을 주목하고 있다.

변화 없는 시대, 아니 변화를 강요받으면서도 좀처럼 변화하지 못하는 일본인에게 그는 애정 어린 일침을 가한다. 낡은 것을 버리고, 새로운 옷을 입자고….

번역이 막바지에 이르렀을 때 현대 왕회장의 죽음을 알게 되었다. 부자는 망해도 3대를 간다는데, 한국 재벌의 미래가 불투명하다. 재벌 2세의 무분별한 사업 확장으로 인한 잇따른 도산, 대우왕국의 몰락 등 우리가 준비해야 할 미래는 절박하다. 거리를 화려하게 재개발하는 것이 아니라, 우선 우리부터 재개발해야겠다. 머리를 염색만 할 것이 아니라, 우리 머리부터 새로운 흐름에 적셔야겠다. 인터넷으로 겉물이 드는 것이 아니라, 인터넷으로 속을 채워나가야겠다. 변화의 시대, 변화의 세기, 변화의 사회에 변화하지 않는다는 것은 자살행위이다.

다만, 본질을 잃지 않는 것이 무엇보다도 중요하다. 왜냐하면, 변화는 끊임없이 이어질 것이고, 또 그 변화의 주인공은 바로 자기 자신이기 때문이다.

이 책은 일본 벤처산업의 현주소이며, 그 생생한 현장의 목소리다. 변화의 조짐, 일본이 어떻게 지금의 위기를 헤쳐 나가야 하는지를 웅변하고 있다고 하겠다. 호리바 회장은 교토 출신이며, 거기서 자란 토박이다. 호리바 제작소 역시 교토의 문화를 먹고 성장한 기업이다. 그 역사와 문화를 사랑하고, 그 뿌리에 자부심을 강하게 가지고 있다. 일본에서도 교토인은 별종으로 취급받는다. 아니, 교토인 스스로 진정한 일본인은 교토인이라고 주장할 정도이다. 새로운 시대, 그 해결의 실마리는 바로 구체성이며, 지역으로부터의 적극적인 발신이다.

대기업 중심의 경제, 재벌이 이루어놓은 안정이라는 것이 얼마나 부실한가는 뼈저리게 겪어왔다. 문제는 한국 경제의 체질개선과 더불어 모험과 도전으로 자기가 하고 싶은 일을 신명 나게 시끌벅적하게 해나가는 일꾼이 대접받는 시대를 만드는 것이다.

오늘 조간신문에 실린, 호리바 회장이 젊은 신입사원에게 던지는 말을 인용하는 것으로 번역에 대한 변을 마치고자 한다.

일본의 젊은이들도 '내 인생의 증표는 좋아하는 일에서 만들겠다'는 뜻을 가지고 사회에 나갔으면 한다. (일본경제신문, 2001년 3월 27일자)

마지막으로 번역과 교정을 도와준 이태문(일본 동경외대 대학원 여행문화연구소 연구원) 씨에게 감사의 마음을 전한다.

2008년 3월
은미경

옮긴이 은미경

숙명여대 국어국문학과를 졸업한 후 동부그룹 홍보실에서 일했다.
현재는 일본에 살면서 교민잡지와 KBS 월드넷 등에서
자유기고가로 활동하면서 집필과 번역 활동을 하고 있다.
옮긴 책에는 『일 잘하는 사람, 일 못하는 사람 1·2』『손가락 끝으로 꿈꾸는 우주인』
『카를로스 곤』『부모가 아이의 능력을 발견하고 키우는 비결』 등이 있다.

일 잘하는 사람 일 못하는 사람

초판 1쇄 인쇄 2008년 3월 20일
초판 1쇄 발행 2008년 3월 25일

지은이 _ 호리바 마사오
옮긴이 _ 은미경
펴낸이 _ 최순철
펴낸곳 _ 오늘의책

주소 _ 서울시 마포구 합정동 412-26
전화 _ 322-4595~6 **팩스** _ 322-4597
전자우편 _ tobook@unitel.co.kr
홈페이지 _ www.todaybook.co.kr
출판등록 _ 1996년 5월 25일 (제10-1293호)

값은 뒤표지에 있습니다.
잘못된 책은 바꾸어 드립니다.